하루 10분 고사성어 따라쓰기

키즈키즈 교육연구소 지음

미래주니어

차례

ㄱ~ㅁ으로 시작하는 고사성어

ㅂ~ㅇ으로 시작하는 고사성어

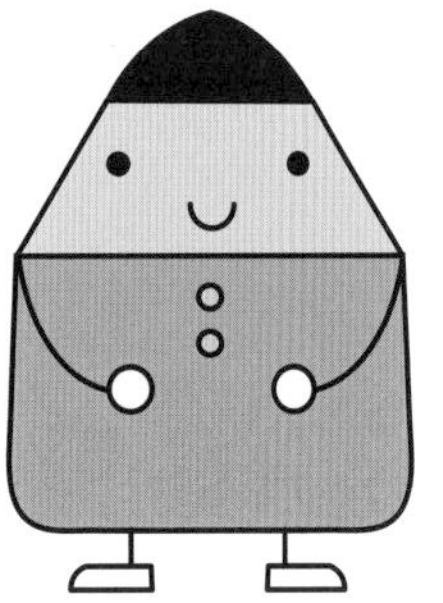

초등학생이 알아야 할
고사성어를 따라 써 보세요.
따라 쓴 고사성어에는
☑ 표시하세요~

[그 밖의 고사성어]
백문불여일견(百聞不如一見) / 백미(白眉)
백발백중(百發百中) / 사상누각(沙上樓閣)
사필귀정(事必歸正) / 삼라만상(森羅萬象)
수어지교(水魚之交) / 시시비비(是是非非)
안빈낙도(安貧樂道) / 언중유골(言中有骨)
언행일치(言行一致) / 오십보백보(五十步百步)
온고지신(溫故知新) / 와신상담(臥薪嘗膽)
용두사미(龍頭蛇尾) / 일취월장(日就月將)
[재미있는 고사성어 퀴즈]

ㅈ~ㅎ으로 시작하는 고사성어

- □ **37.** 자포자기(自暴自棄)
- □ **38.** 적반하장(賊反荷杖)
- □ **39.** 조삼모사(朝三暮四)
- □ **40.** 죽마고우(竹馬故友)
- □ **41.** 천고마비(天高馬肥)
- □ **42.** 청출어람(靑出於藍)
- □ **43.** 초지일관(初志一貫)
- □ **44.** 타산지석(他山之石)
- □ **45.** 팔방미인(八方美人)
- □ **46.** 함흥차사(咸興差使)
- □ **47.** 형설지공(螢雪之功)

[그 밖의 고사성어]
자초지종(自初至終) / 작심삼일(作心三日)
전전긍긍(戰戰兢兢) / 전화위복(轉禍爲福)
좌불안석(坐不安席) / 중구난방(衆口難防)
중언부언(重言復言) / 천군만마(千軍萬馬)
청천벽력(靑天霹靂) / 탁상공론(卓上空論)
토사구팽(兎死狗烹) / 파죽지세(破竹之勢)
호가호위(狐假虎威) / 호연지기(浩然之氣)
화룡점정(畵龍點睛) / 환골탈태(換骨奪胎)
[재미있는 고사성어 퀴즈]

머리말

초등 한자 쓰기와 어휘력을 키워 주는 <하루 10분 고사성어 따라쓰기>

바른 글씨체 연습으로 예쁜 글씨를 만들어 줍니다.

한글을 익히는 연령이 점점 낮아지면서 글자를 익히는 데만 집중하다 보니 바른 글씨체를 갖는 것에 소홀히 하는 경우가 많습니다. 하지만 한 번 익힌 글씨체는 쉽게 고쳐지지 않으며, 어릴 때 글씨체를 바로잡지 않으면 자라서도 글씨체를 고치기가 힘이 듭니다. 또 사람들 앞에서 글씨 쓰는 것을 부끄러워하거나 악필이라는 핸디캡을 갖기도 합니다.

처음부터 바르게 익힌 예쁜 글씨체는 평생 훌륭한 자산이 됩니다. 〈하루 10분 고사성어 따라쓰기〉는 어린이들에게 따라쓰기를 하며 자연스럽게 바르고 예쁜 글씨체를 익히도록 도와줍니다.

'쓰기'는 초등 학습의 기본이 되는 교육 중 하나입니다.

초등학교에 입학하면 읽기, 쓰기, 말하기는 가장 기본적인 학습입니다. 자신의 생각을 바르게 전하기 위해서 바른 글씨체를 익히는 것은 필수입니다. 또한 글씨를 잘 쓰면 어릴 때나 어른이 되어서도 주변 사람들의 관심을 받게 되고, 자신감도 갖게 됩니다. 뿐만 아니라 한자와 한글을 바르게 따라 쓰다 보면 산만한 마음을 가라앉게 해주며, 집중력도 함께 길러져 학습에 필요한 기본기를 탄탄하게 다져 줍니다.

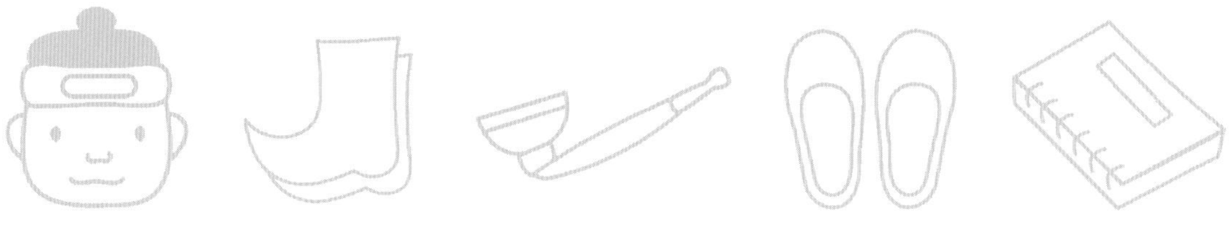

故事成語

대표적인 고사성어를 따라 쓰며 국어 실력을 키우세요.

〈하루 10분 고사성어 따라쓰기〉는 고사성어의 한자와 한글을 따라 쓰며 바른 글씨체를 익히도록 구성했습니다. 초등학생의 눈높이에 맞춰 대표적인 고사성어를 선별하여 실었으며, 고사성어에 담긴 의미와 생활 속에서 고사성어가 어떻게 쓰이는지 정리해 두었습니다.

예로부터 전해 내려오는 고사성어에는 조상들의 지혜와 교훈이 담겨 있습니다. 그래서 고사성어를 되새기면 생활의 지혜를 얻을 수 있습니다. 고사성어를 대화 속에 넣어 말하거나 글을 쓰면 훨씬 쉽게 의미를 전달할 수 있고, 어휘력과 언어를 이해하는 국어 실력을 키워 줍니다.

꾸준히 따라쓰기를 할 수 있도록 격려해 주세요.

따라쓰기는 처음부터 욕심을 내어 하루에 여러 장을 쓰지 않도록 합니다. 한 번에 많이 쓰는 것보다 매일 꾸준히 쓰는 연습을 하는 것이 고사성어를 익히는 데 더욱 효과적입니다. 고사성어의 한자와 뜻을 무조건 암기하기보다는 생활 속 예문을 통해 재미있게 익히는 것이 좋은 방법입니다.

'칭찬은 고래도 춤추게 한다.'는 말이 있습니다. 부모의 말 한마디에 아이는 자신감을 가지고 꾸준히 학습할 수 있는 용기를 얻습니다. 작은 변화에도 관심을 가져 주고 아낌없이 칭찬해 주어야 합니다.

01 감언이설(甘言利說)

한자의 뜻과 소리를 읽으며 따라 써 보세요.

한자	뜻과 소리	필순
甘	달 감	一 十 廾 甘 甘
言	말씀 언	丶 亠 亠 亠 言 言 言
利	이로울 이	丿 二 千 禾 禾 利 利
說	말씀 설	丶 亠 亠 亠 言 言 言 言 訁 訁 訁 說 說 說

甘 甘 甘

言 言 言

利 利 利

說 說 說

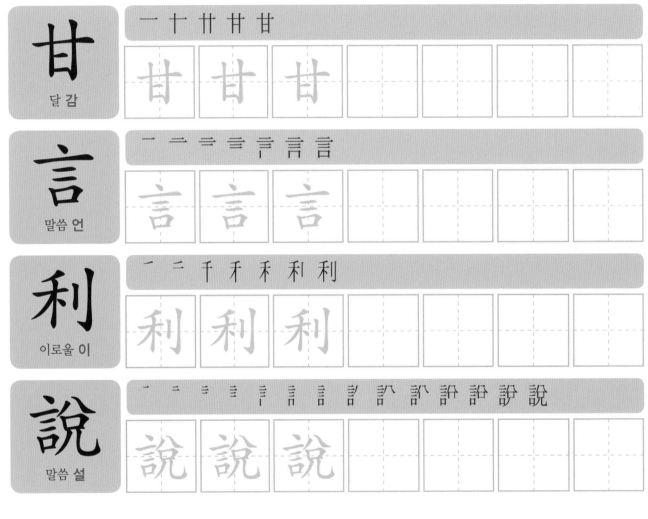

고사성어와 담긴 뜻을 바르게 따라 써 보세요.

甘 言 利 說　감 언 이 설

남을 속이는 달콤한 말

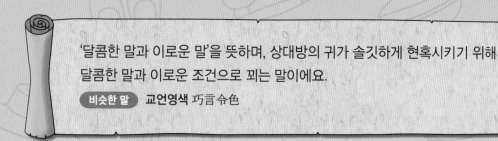

'달콤한 말과 이로운 말'을 뜻하며, 상대방의 귀가 솔깃하게 현혹시키기 위해 달콤한 말과 이로운 조건으로 꾀는 말이에요.

비슷한 말 **교언영색** 巧言令色

甘	言	利	說	감	언	이	설

남을 속이는 달콤한 말

甘	言	利	說	감	언	이	설

甘	言	利	說	감	언	이	설

이럴 때 이렇게!

- 감언이설에 속아 중고제품을 비싸게 샀다.
- 만병통치약이라며 노인들을 감언이설로 꼬드겼다.

02 결초보은(結草報恩)

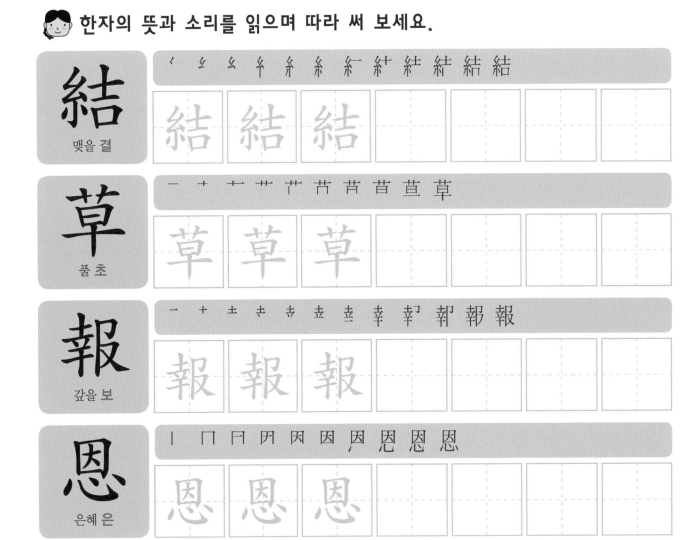

한자의 뜻과 소리를 읽으며 따라 써 보세요.

結
맺을 결
ㄑ 幺 幺 糸 糸 糸 糸 紅 紝 紝 結 結
結 結 結

草
풀 초
一 十 廾 卄 艹 芇 苜 苩 荁 草
草 草 草

報
갚을 보
一 十 土 𡈼 幸 幸 幸 幸 𡙕 𫝉 報 報
報 報 報

恩
은혜 은
丨 冂 冃 冄 因 因 因 恩 恩 恩
恩 恩 恩

고사성어와 담긴 뜻을 바르게 따라 써 보세요.

結 草 報 恩 결 초 보 은

죽어서도 은혜를 잊지 않고 갚는다.

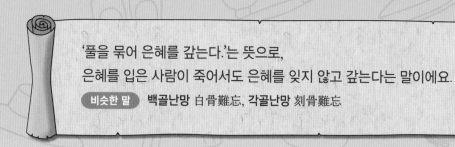

'풀을 묶어 은혜를 갚는다.'는 뜻으로,
은혜를 입은 사람이 죽어서도 은혜를 잊지 않고 갚는다는 말이에요.

비슷한 말 **백골난망** 白骨難忘, **각골난망** 刻骨難忘

結	草	報	恩	결	초	보	은

죽어서도 은혜를 잊지 않고 갚는다.

結	草	報	恩	결	초	보	은

結	草	報	恩	결	초	보	은

이럴 때 이렇게!

- 선생님의 은혜에 반드시 결초보은하겠습니다.
- 물에 빠진 나를 구해 준 사람한테 결초보은할 거야.

03 고진감래(苦盡甘來)

한자의 뜻과 소리를 읽으며 따라 써 보세요.

苦 쓸 고	一 十 十 廾 艹 芏 芏 苦 苦
盡 다할 진	㇕ ⺕ ⺕ 聿 聿 聿 聿 肀 盡 盡 盡 盡 盡 盡
甘 달 감	一 十 廿 甘 甘
來 올 래	一 厂 双 双 双 來 來 來

苦 苦 苦

盡 盡 盡

甘 甘 甘

來 來 來

고사성어와 담긴 뜻을 바르게 따라 써 보세요.

苦 盡 甘 來 고 진 감 래

힘든 일이 지나면 즐거운 일이 찾아온다.

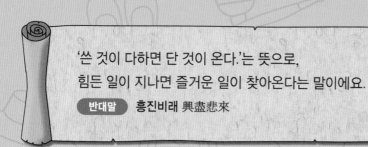

'쓴 것이 다하면 단 것이 온다.'는 뜻으로,
힘든 일이 지나면 즐거운 일이 찾아온다는 말이에요.

반대말 흥진비래 興盡悲來

苦	盡	甘	來	고	진	감	래

힘든 일이 지나면 즐거운 일이 찾아온다.

苦	盡	甘	來	고	진	감	래

苦	盡	甘	來	고	진	감	래

이럴 때 이렇게!

- 지금 힘들어도 꼭 좋은 결과가 있을 거야. 고진감래라잖아.
- 고진감래라더니 결국에는 박사가 되었군.

04 교언영색(巧言令色)

한자의 뜻과 소리를 읽으며 따라 써 보세요.

巧 공교할 교	一 丅 工 工 巧	巧 巧 巧
言 말씀 언	丶 亠 亠 言 言 言 言	言 言 言
令 하여금 영	丿 人 亼 今 令	令 令 令
色 빛 색	丿 ⺈ ⺈ 缶 缶 色	色 色 色

고사성어와 담긴 뜻을 바르게 따라 써 보세요.

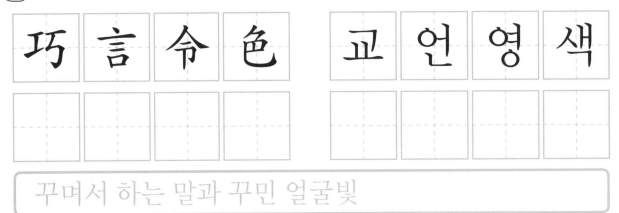

巧 言 令 色 교 언 영 색

꾸며서 하는 말과 꾸민 얼굴빛

'교묘한 말과 알랑거리는 얼굴'이라는 뜻으로, 상대방의 환심을 사기 위해 교묘하게 꾸며서 하는 말과 꾸민 얼굴빛을 말해요.

반대말 성심성의 誠心誠意

巧	言	令	色	교	언	영	색

꾸며서 하는 말과 꾸민 얼굴빛

巧	言	令	色	교	언	영	색

巧	言	令	色	교	언	영	색

이럴 때 이렇게!

- 교언영색 하는 사람을 가까이하면 너도 그렇게 보일지 몰라.
- 어디에 가서도 교언영색 하는 모습과 행동을 해서는 안 돼.

05 구사일생(九死一生)

한자의 뜻과 소리를 읽으며 따라 써 보세요.

九 아홉 구
丿 九
九 九 九

死 죽을 사
一 丆 歹 歹 歺 死
死 死 死

一 한 일
一
一 一 一

生 날 생
丿 𠂉 𠂊 牛 生
生 生 生

고사성어와 담긴 뜻을 바르게 따라 써 보세요.

九 死 一 生 구 사 일 생

여러 차례 죽을 고비를 넘기고 살아난다.

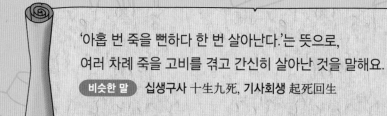

'아홉 번 죽을 뻔하다 한 번 살아난다.'는 뜻으로,
여러 차례 죽을 고비를 겪고 간신히 살아난 것을 말해요.

비슷한 말 **십생구사** 十生九死, **기사회생** 起死回生

九	死	一	生	구	사	일	생

여러 차례 죽을 고비를 넘기고 살아난다.

九	死	一	生	구	사	일	생

九	死	一	生	구	사	일	생

이럴 때 이렇게!

- 추락한 비행기에서 구사일생으로 사람들이 구출되었다.
- 전쟁 포로들이 구사일생으로 탈출에 성공했다.

06 금상첨화(錦上添花)

한자의 뜻과 소리를 읽으며 따라 써 보세요.

錦 비단 금	ノ 𠆢 亼 亽 夲 伞 𨥁 金 釒 釗 釦 鈤 鉑 鉑 錦 錦
上 윗 상	丨 ⺊ 上
添 더할 첨	丶 冫 氵 汀 汗 沃 沃 添 添 添 添
花 꽃 화	一 十 卄 艹 艹 芢 花 花

錦 錦 錦

上 上 上

添 添 添

花 花 花

고사성어와 담긴 뜻을 바르게 따라 써 보세요.

錦 上 添 花 금 상 첨 화

좋은 것에 또 좋은 것이 더해진다.

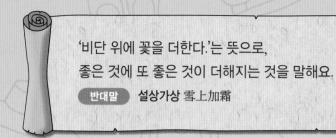

'비단 위에 꽃을 더한다.'는 뜻으로,
좋은 것에 또 좋은 것이 더해지는 것을 말해요.

반대말 설상가상 雪上加霜

錦	上	添	花	금	상	첨	화

좋은 것에 또 좋은 것이 더해진다.

錦	上	添	花	금	상	첨	화

錦	上	添	花	금	상	첨	화

이럴 때 이렇게!

- 달리기 대회에서 1등하고, 상금도 받고 금상첨화네.
- 맛있는 음식에 향기로운 차까지 마시니 그야말로 금상첨화로구나!

07 노심초사(勞心焦思)

한자의 뜻과 소리를 읽으며 따라 써 보세요.

勞
일할 노

心
마음 심

焦
탈 초

思
생각 사

고사성어와 담긴 뜻을 바르게 따라 써 보세요.

勞	心	焦	思	노	심	초	사

몹시 마음을 쓰며 애를 태운다.

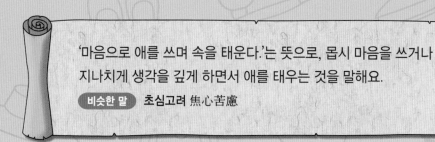

'마음으로 애를 쓰며 속을 태운다.'는 뜻으로, 몹시 마음을 쓰거나 지나치게 생각을 깊게 하면서 애를 태우는 것을 말해요.

비슷한 말 초심고려 焦心苦慮

勞	心	焦	思	노	심	초	사

몹시 마음을 쓰며 애를 태운다.

勞	心	焦	思	노	심	초	사

勞	心	焦	思	노	심	초	사

이럴 때 이렇게!

· 부모님은 자식들 걱정에 항상 노심초사하신다.

· 이미 치른 시험을 두고 노심초사해 봐야 소용없어.

08 다다익선(多多益善)

한자의 뜻과 소리를 읽으며 따라 써 보세요.

多 많을 다
丿 ク 夕 多 多 多
多 多 多

多 많을 다
丿 ク 夕 多 多 多
多 多 多

益 더할 익
丿 八 ㅅ 亼 夳 犬 谷 谷 盆 益
益 益 益

善 착할 선
丶 丷 䒑 䒑 兰 羊 羊 羊 羔 善 善 善
善 善 善

고사성어와 담긴 뜻을 바르게 따라 써 보세요.

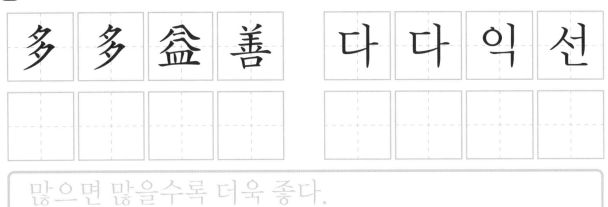

多	多	益	善	다	다	익	선

많으면 많을수록 더욱 좋다.

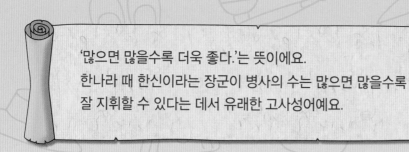

'많으면 많을수록 더욱 좋다.'는 뜻이에요.
한나라 때 한신이라는 장군이 병사의 수는 많으면 많을수록
잘 지휘할 수 있다는 데서 유래한 고사성어예요.

多	多	益	善	다	다	익	선

많으면 많을수록 더욱 좋다.

多	多	益	善	다	다	익	선

多	多	益	善	다	다	익	선

이럴 때 이렇게!

- 인성을 위해 음악을 듣는 것은 다다익선 아니겠어.
- 이웃을 위해 좋은 일을 하는 것은 다다익선이야.

09 대기만성(大器晩成)

한자의 뜻과 소리를 읽으며 따라 써 보세요.

大 큰 대
一 ナ 大
大 大 大

器 그릇 기
丨 ㄇ 口 口丨 口口 口口 㗊 㗊 哭 哭 哭 器 器 器 器 器
器 器 器

晩 늦을 만
丨 冂 日 日 日' 日'' 日'' 晗 晗 晩 晩
晩 晩 晩

成 이룰 성
丿 厂 厂 万 成 成 成
成 成 成

고사성어와 담긴 뜻을 바르게 따라 써 보세요.

大 器 晩 成 대 기 만 성

큰 그릇은 늦게 이루어진다.

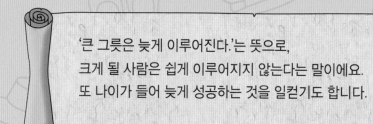

'큰 그릇은 늦게 이루어진다.'는 뜻으로,
크게 될 사람은 쉽게 이루어지지 않는다는 말이에요.
또 나이가 들어 늦게 성공하는 것을 일컫기도 합니다.

大	器	晩	成	대	기	만	성

큰 그릇은 늦게 이루어진다.

大	器	晩	成	대	기	만	성

大	器	晩	成	대	기	만	성

이럴 때 이렇게!

- 대기만성이라더니 30년 열심히 일하던 직원이 회사 사장이 되었어.
- 늦은 나이에 성공한 걸 보면 대기만성이라는 말이 딱 맞아.

10 대동소이(大同小異)

한자의 뜻과 소리를 읽으며 따라 써 보세요.

大
클 대
一 ナ 大
大 大 大

同
한 가지 동
丨 冂 冂 同 同 同
同 同 同

小
작을 소
亅 小 小
小 小 小

異
다를 이
丨 冂 冂 冂 田 田 甼 畀 巽 異 異
異 異 異

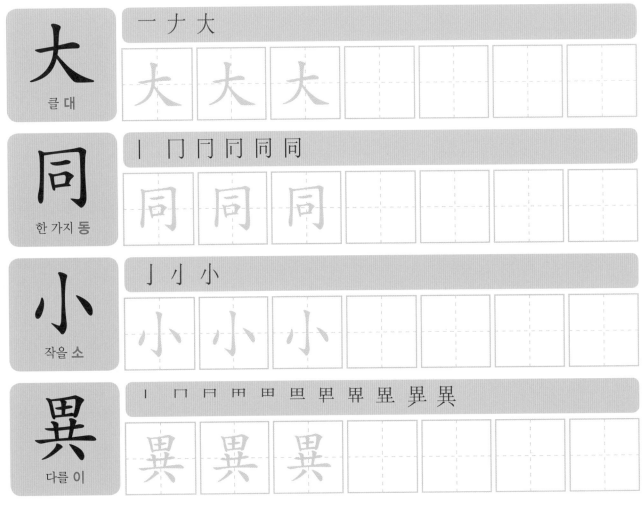

고사성어와 담긴 뜻을 바르게 따라 써 보세요.

大 同 小 異　대 동 소 이

큰 차이가 없이 거의 같다.

'큰 것은 같고 작은 것은 다르다.'는 뜻으로,
전체적으로 비슷하지만 사소한 차이가 있는 것을 말해요.

비슷한 말 **오십보백보** 五十步百步, **소이대동** 小異大同

大 同 小 異 대 동 소 이

큰 차이가 없이 거의 같다.

大 同 小 異 대 동 소 이

大 同 小 異 대 동 소 이

이럴 때 이렇게!

- 자전거의 성능은 대동소이한데 가격은 천차만별이다.
- 1등과 2등의 실력이 대동소이하다.

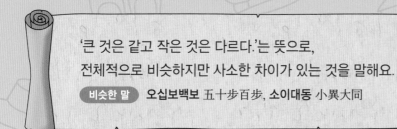

11 동병상련(同病相憐)

한자의 뜻과 소리를 읽으며 따라 써 보세요.

한자	획순	따라 쓰기
同 (한 가지 동)	丨 冂 冂 冋 同 同	同 同 同
病 (병 병)	丶 亠 广 广 疒 疒 疒 疔 病 病	病 病 病
相 (서로 상)	一 十 オ 木 木 木 机 相 相 相	相 相 相
憐 (불쌍히 여길 련)	丶 丷 忄 忄 忄 忄 怗 怜 怜 恈 憐 憐 憐 憐 憐	憐 憐 憐

고사성어와 담긴 뜻을 바르게 따라 써 보세요.

同 病 相 憐 동 병 상 련

같은 처지에 있는 사람끼리 이해하고 돕는다.

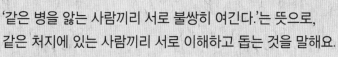

'같은 병을 앓는 사람끼리 서로 불쌍히 여긴다.'는 뜻으로,
같은 처지에 있는 사람끼리 서로 이해하고 돕는 것을 말해요.

비슷한 말 **초록동색** 草綠同色, **유유상종** 類類相從

同	病	相	憐	동	병	상	련

같은 처지에 있는 사람끼리 이해하고 돕는다.

同	病	相	憐	동	병	상	련

同	病	相	憐	동	병	상	련

이럴 때 이렇게!

- 시험에 떨어진 친구들은 서로 동병상련을 느낄 거야.
- 동병상련이라고 가정 형편이 어려운 사람들을 보면 마음이 아파.

12 마이동풍(馬耳東風)

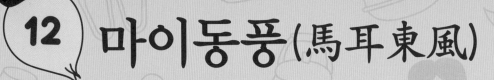

한자의 뜻과 소리를 읽으며 따라 써 보세요.

한자	뜻과 소리	획순
馬	말 마	丨 𠂆 𫝀 ... 馬 馬 馬 馬 馬
耳	귀 이	一 丅 ... 耳
東	동녘 동	一 丅 亓 ... 申 東 東
風	바람 풍	丿 几 凡 ... 風 風 風

馬 馬 馬

耳 耳 耳

東 東 東

風 風 風

고사성어와 담긴 뜻을 바르게 따라 써 보세요.

馬耳東風 마이동풍

남의 말을 귀담아듣지 않고 흘려버린다.

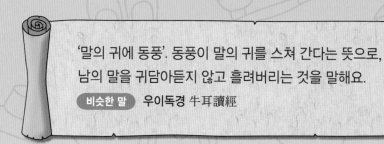

'말의 귀에 동풍'. 동풍이 말의 귀를 스쳐 간다는 뜻으로,
남의 말을 귀담아듣지 않고 흘려버리는 것을 말해요.

비슷한 말 우이독경 牛耳讀經

馬	耳	東	風	마	이	동	풍

남의 말을 귀담아듣지 않고 흘려버린다.

馬	耳	東	風	마	이	동	풍

馬	耳	東	風	마	이	동	풍

이럴 때 이렇게!

- 저 사람은 무슨 얘기를 해도 마이동풍으로 들어.
- 사람들의 충고를 전혀 듣지 않으니 마이동풍이로군.

13 무릉도원(武陵桃源)

한자의 뜻과 소리를 읽으며 따라 써 보세요.

武 호반 무	一 二 下 下 正 正 武 武	武 武 武
陵 언덕 릉	⁷ ⁷ 阝 阝 阝 阝 阝 阝 陵 陵 陵	陵 陵 陵
桃 복숭아 도	一 十 才 木 村 村 村 村 桃 桃	桃 桃 桃
源 근원 원	丶 丶 氵 汇 汇 汇 汇 沥 沥 沥 源 源 源	源 源 源

고사성어와 담긴 뜻을 바르게 따라 써 보세요.

武 陵 桃 源 　 무 릉 도 원

이 세상에 없는 별천지

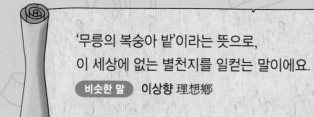

'무릉의 복숭아 밭'이라는 뜻으로,
이 세상에 없는 별천지를 일컫는 말이에요.

비슷한 말 이상향 理想鄕

武	陵	桃	源	무	릉	도	원

이 세상에 없는 별천지

武	陵	桃	源	무	릉	도	원

武	陵	桃	源	무	릉	도	원

이럴 때 이렇게!

- 한적한 바닷가의 무릉도원 같은 곳에서 살아 보고 싶다.
- 이곳을 보니 무릉도원이 따로 없군.

그 밖의 고사성어

ㄱ~ㅁ으로 시작하는 고사성어

각골난망 (刻 새길 **각** 骨 뼈 **골** 難 어려울 **난** 忘 잊을 **망**)

'뼈에 새겨도 잊기 어려운 은혜'를 뜻하며,
은혜를 입은 고마움이 뼈에 깊이 새겨져 잊히지 않는다는 말이에요.

개과천선 (改 고칠 **개** 過 지날 **과** 遷 옮길 **천** 善 착할 **선**)

'지나간 허물을 고치고 착하게 된다.'는 뜻으로,
지난날의 잘못을 고쳐서 착한 사람이 되겠다는 말이에요.

격세지감 (隔 사이 뜰 **격** 世 인간 **세** 之 갈 **지** 感 느낄 **감**)

'다른 시대를 사는 것 같은 느낌'을 뜻하며, 긴 세월이 지나지 않았는데도
세상이 예전과 크게 달라졌다고 여겨지는 느낌을 말해요.

계륵 (鷄 닭 **계** 肋 갈빗대 **륵**)

'닭의 갈빗대'라는 뜻으로, 먹기에는 양이 너무 적어서 큰 쓸모나 이익은
없으나 버리기는 아까운 것을 비유하는 고사성어예요.

공중누각 (空 빌 **공** 中 가운데 **중** 樓 다락 **누** 閣 집 **각**)

'공중에 세운 누각'이라는 뜻으로, 공중에 누각을 세운 것처럼
근거 없는 사물이나 현실성 없는 생각 등을 일컫는 말이에요.

관포지교 (管 대롱 **관** 鮑 절인 물고기 **포** 之 갈 **지** 交 사귈 **교**)

'관중과 포숙의 사귐'을 뜻하며, 관중과 포숙처럼 서로 이해하며
믿고 정답게 지내는 친구 사이를 말해요.

괄목상대 (刮 비빌 **괄** 目 눈 **목** 相 서로 **상** 對 대할 **대**)

'눈을 비비고 다시 보며 상대를 대한다.'는 뜻으로,
학식이나 재주가 놀랄 만큼 나아졌음을 이르는 고사성어예요.

군계일학 (群 무리 군 鷄 닭 계 一 한 일 鶴 학 학)

'닭의 무리에 끼어 있는 한 마리의 학'이라는 뜻으로,
많은 사람 중에서 뛰어난 한 사람을 가리킬 때 쓰는 말이에요.

금의환향 (錦 비단 금 衣 옷 의 還 돌아올 환 鄕 시골 향)

'비단 옷을 입고 고향에 돌아온다.'는 뜻으로,
성공을 거둔 후에 고향으로 돌아간다는 말이에요.

독불장군 (獨 홀로 독 不 아닐 불 將 장수 장 軍 군사 군)

'혼자서는 장군이 될 수 없다.'는 뜻으로, 남의 의견을 잘 듣지 않고
자기 마음대로 혼자서 모든 일을 처리하는 사람을 말해요.

동고동락 (同 한 가지 동 苦 쓸 고 同 한 가지 동 樂 즐길 락)

'괴로움과 즐거움을 함께 한다.'는 뜻으로,
괴로운 일과 즐거운 일을 모두 함께 한다는 말이에요.

동문서답 (東 동녘 동 問 물을 문 西 서녘 서 答 대답 답)

'동쪽을 묻는데 서쪽을 대답한다.'는 뜻으로,
질문과 상관없는 엉뚱한 답을 늘어놓는 것을 말해요.

막상막하 (莫 없을 막 上 윗 상 莫 없을 막 下 아래 하)

'위도 없고 아래도 없다.'는 뜻으로, 어느 것이 낫고 어느 것이 못하다고
말하기 어려울 만큼 차이가 없음을 일컫는 말이에요.

맹모삼천 (孟 맏 맹 母 어머니 모 三 석 삼 遷 옮길 천)

'맹자의 어머니가 아들의 교육을 위해 세 번 이사를 했다.'는 뜻으로,
주위 환경이 교육에 중요함을 강조하는 말이에요.

모순 (矛 창 모 盾 방패 순)

'창과 방패'라는 뜻으로,
말이나 행동이 앞뒤가 서로 일치하지 않는 것을 말해요.

문전성시 (門 문 문 前 앞 전 成 이룰 성 市 저자 시)

'문 앞에 시장이 선 것 같다.'는 뜻으로,
권력 있는 집이나 부잣집 앞에는 찾아오는 사람이 많다는 것을 말해요.

재미있는 고사성어 퀴즈

1 알맞은 고사성어를 보기에서 찾아 빈 칸에 써 보세요.

보기

마이동풍 구사일생 동병상련 무릉도원 대동소이
노심초사 결초보은 대기만성 금상첨화 고진감래

1) 추락한 비행기에서 □□□□으로 사람들이 구출되었다.

2) 사람들의 충고를 전혀 듣지 않으니 □□□□이로군.

3) 아름다운 이곳을 보니 □□□□이 따로 없군.

4) 같은 처지에 있는 사람들은 서로 □□□□을 느낄 거야.

5) □□□□이라더니 오랜 기간 노력 끝에 성공을 이루었어.

6) 부모님은 자식들 걱정에 항상 □□□□하신다.

7) □□□□라잖아. 지금 힘들어도 꼭 좋은 결과가 있을 거야.

8) 물에 빠진 나를 구해 준 사람한테 □□□□했다.

9) 맛있는 음식에 차까지 더해지니 그야말로 □□□□로구나!

10) 자전거의 성능은 □□□□한데 가격은 천차만별이다.

2 각각의 뜻에 해당하는 고사성어를 줄로 이어 보세요.

1. 많으면 많을수록 더욱 좋다.
2. 좋은 것에 또 좋은 것이 더해진다.
3. 꾸며서 하는 말과 꾸민 얼굴빛

교언영색 / 금상첨화 / 다다익선

4. 큰 그릇은 늦게 이루어진다.
5. 힘든 일이 지나면 즐거운 일이 찾아온다.
6. 남의 말을 귀담아 듣지 않고 흘려버린다.

대기만성 / 마이동풍 / 고진감래

정답

1. 1) 구사일생 2) 마이동풍 3) 무릉도원 4) 동병상련 5) 대기만성 6) 노심초사 7) 고진감래 8) 결초보은 9) 금상첨화 10) 대동소이
2. 1) 다다익선 2) 금상첨화 3) 교언영색 4) 대기만성 5) 고진감래 6) 마이동풍

14 백전백승(百戰百勝)

한자의 뜻과 소리를 읽으며 따라 써 보세요.

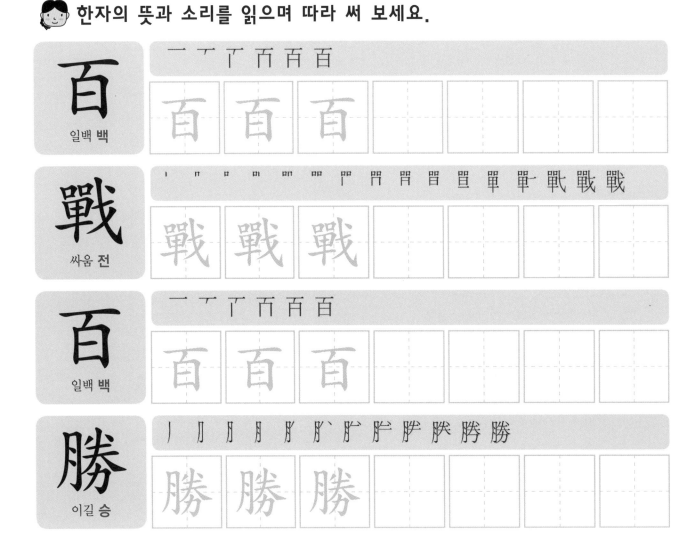

한자	획순	따라 쓰기
百 일백 백	一 丆 丆 百 百 百	百 百 百
戰 싸움 전	丨 冂 口 吅 吅 吅 吕 胃 胃 單 單 單 戰 戰 戰 戰	戰 戰 戰
百 일백 백	一 丆 丆 百 百 百	百 百 百
勝 이길 승	丿 刀 月 月 月 月 月 胖 胖 胖 勝 勝	勝 勝 勝

고사성어와 담긴 뜻을 바르게 따라 써 보세요.

百 戰 百 勝　　백 전 백 승

싸울 때마다 반드시 이긴다.

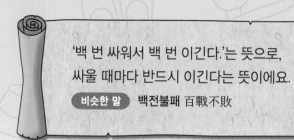

'백 번 싸워서 백 번 이긴다.'는 뜻으로,
싸울 때마다 반드시 이긴다는 뜻이에요.

비슷한 말 백전불패 百戰不敗

百	戰	百	勝	백	전	백	승

싸울 때마다 반드시 이긴다.

百	戰	百	勝	백	전	백	승

百	戰	百	勝	백	전	백	승

이럴 때 이렇게!

- 상대방을 잘 파악해야 백전백승할 수 있어.
- 경기에서 우리 팀이 백전백승했어.

15 사면초가(四面楚歌)

한자의 뜻과 소리를 읽으며 따라 써 보세요.

한자	뜻과 소리	획순	따라 쓰기
四	넉 사	丨 冂 冂 四 四	四 四 四
面	낯 면	一 丆 丆 而 而 而 而 面 面	面 面 面
楚	초나라 초	一 十 才 木 木 村 材 林 林 梺 桲 楚 楚	楚 楚 楚
歌	노래 가	一 丆 丌 可 可 哥 哥 哥 哥 哥 哥 哥 歌 歌	歌 歌 歌

고사성어와 담긴 뜻을 바르게 따라 써 보세요.

四 面 楚 歌　사 면 초 가

아무에게도 도움 받지 못하는 외롭고 곤란한 상태

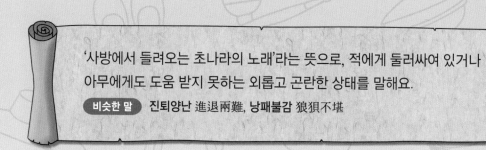

'사방에서 들려오는 초나라의 노래'라는 뜻으로, 적에게 둘러싸여 있거나 아무에게도 도움 받지 못하는 외롭고 곤란한 상태를 말해요.

비슷한 말 **진퇴양난** 進退兩難, **낭패불감** 狼狽不堪

四	面	楚	歌	사	면	초	가

아무에게도 도움 받지 못하는 외롭고 곤란한 상태

四	面	楚	歌	사	면	초	가

四	面	楚	歌	사	면	초	가

이럴 때 이렇게!

- 친구들의 비난에 난 사면초가에 놓였다.
- 경찰이 둘러싸고 있으니 도둑은 아마 사면초가일 거야.

16 살신성인(殺身成仁)

한자의 뜻과 소리를 읽으며 따라 써 보세요.

殺
죽일 **살**

丿 乂 亠 产 杀 杀 杀 杀 杀 殺 殺

殺 殺 殺

身
몸 **신**

丿 亻 冂 自 自 身 身

身 身 身

成
이룰 **성**

丿 厂 厂 万 成 成 成

成 成 成

仁
어질 **인**

丿 亻 仁 仁

仁 仁 仁

고사성어와 담긴 뜻을 바르게 따라 써 보세요.

殺 身 成 仁 살 신 성 인

자신의 몸을 희생해서 옳은 일을 한다.

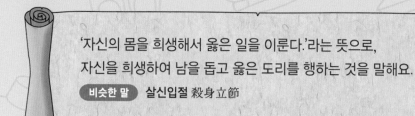

'자신의 몸을 희생해서 옳은 일을 이룬다.'라는 뜻으로,
자신을 희생하여 남을 돕고 옳은 도리를 행하는 것을 말해요.

비슷한 말 **살신입절** 殺身立節

殺	身	成	仁	살	신	성	인

자신의 몸을 희생해서 옳은 일을 한다.

殺	身	成	仁	살	신	성	인

殺	身	成	仁	살	신	성	인

이럴 때 이렇게!

- 남을 위해 살신성인하는 사람이 되어야 해.
- 교육은 살신성인하는 도덕심을 먼저 가르치는 것이 맞아.

17 삼고초려(三顧草廬)

한자의 뜻과 소리를 읽으며 따라 써 보세요.

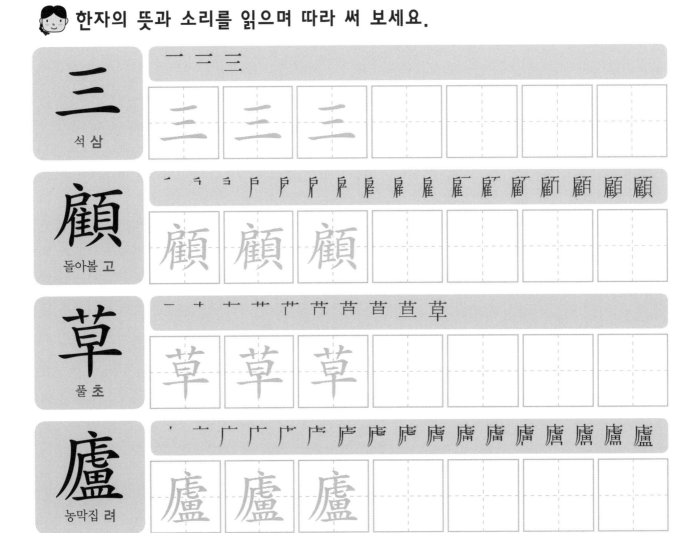

三
석 삼

一 二 三

三 三 三

顧
돌아볼 고

顧 顧 顧

草
풀 초

一 十 廾 艹 艹 芇 苩 苩 荁 草

草 草 草

廬
농막집 려

廬 廬 廬

고사성어와 담긴 뜻을 바르게 따라 써 보세요.

三 顧 草 廬 삼 고 초 려

훌륭한 인재를 맞이하기 위해 최선을 다한다.

'초가집을 세 번 찾아간다.'는 뜻으로,
훌륭한 인재를 맞이하기 위해서 참을성 있게 힘을 쓴다는 말이에요.

비슷한 말 **수어지교** 水魚之交, **초려삼고** 草廬三顧, **군신수어** 君臣水魚

三	顧	草	廬	삼	고	초	려

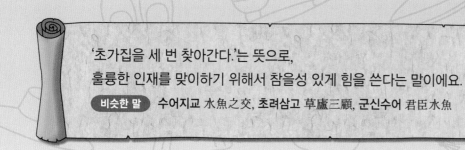

훌륭한 인재를 맞이하기 위해 최선을 다한다.

三	顧	草	廬	삼	고	초	려

三	顧	草	廬	삼	고	초	려

이럴 때 이렇게!

- 저 분을 강사로 모시려고 선생님께서 삼고초려 하셨대.
- 삼고초려라는 말이 무색하게 모든 일이 허사가 되었다.

18 새옹지마(塞翁之馬)

한자의 뜻과 소리를 읽으며 따라 써 보세요.

塞
변방 새

丶 丶' 宀 宀 宀 宀 宀 宀 宀 寒 寒 寒 塞

塞 塞 塞

翁
늙은이 옹

丿 八 公 公 㕣 㕣 翁 翁 翁 翁

翁 翁 翁

之
갈 지

丶 亠 ㇇ 之

之 之 之

馬
말 마

丨 厂 F F 甲 馬 馬 馬 馬 馬

馬 馬 馬

고사성어와 담긴 뜻을 바르게 따라 써 보세요.

塞	翁	之	馬	새	옹	지	마

인생의 행복이나 불행은 예측할 수 없다.

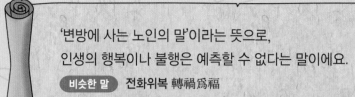

'변방에 사는 노인의 말'이라는 뜻으로,
인생의 행복이나 불행은 예측할 수 없다는 말이에요.

비슷한 말 전화위복 轉禍爲福

塞	翁	之	馬	새	옹	지	마

인생의 행복이나 불행은 예측할 수 없다.

塞	翁	之	馬	새	옹	지	마

塞	翁	之	馬	새	옹	지	마

이럴 때 이렇게!

- 인간사 새옹지마라고 놓친 버스가 사고 날 줄이야!
- 저 사람을 보면 인간사 새옹지마라는 말이 실감이 나.

19 선견지명(先見之明)

한자의 뜻과 소리를 읽으며 따라 써 보세요.

先 먼저 선

丿 𠂉 𠂒 生 生 先

先 先 先

見 볼 견

丨 冂 月 月 目 貝 見

見 見 見

之 갈 지

丶 亠 ㇇ 之

之 之 之

明 밝을 명

丨 冂 月 日 日 明 明 明

明 明 明

고사성어와 담긴 뜻을 바르게 따라 써 보세요.

先 見 之 明 선 견 지 명

미래를 내다보는 지혜

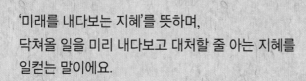

'미래를 내다보는 지혜'를 뜻하며,
닥쳐올 일을 미리 내다보고 대처할 줄 아는 지혜를
일컫는 말이에요.

先	見	之	明	선	견	지	명

미래를 내다보는 지혜

先	見	之	明	선	견	지	명

先	見	之	明	선	견	지	명

이럴 때 이렇게!

- 성공한 사람들은 선견지명이 있다.
- 독서는 선견지명을 길러준다.

20 설상가상(雪上加霜)

한자의 뜻과 소리를 읽으며 따라 써 보세요.

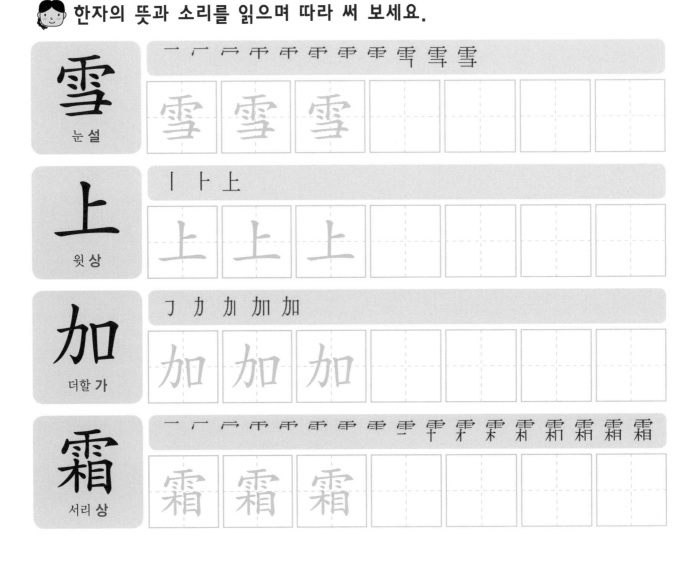

雪 눈 설
一 ㇀ 帀 帀 雨 雨 雨 雨 雪 雪 雪
雪 雪 雪

上 윗 상
丨 卜 上
上 上 上

加 더할 가
㇆ 力 加 加 加
加 加 加

霜 서리 상
一 ㇀ 帀 帀 雨 雨 雨 雨 雨 霜 霜 霜 霜 霜 霜 霜 霜
霜 霜 霜

고사성어와 담긴 뜻을 바르게 따라 써 보세요.

雪 上 加 霜 　 설 상 가 상

불행한 일이 잇따라 일어난다.

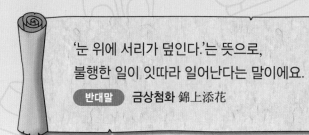

'눈 위에 서리가 덮인다.'는 뜻으로,
불행한 일이 잇따라 일어난다는 말이에요.

반대말 **금상첨화** 錦上添花

雪	上	加	霜	설	상	가	상

불행한 일이 잇따라 일어난다.

雪	上	加	霜	설	상	가	상

雪	上	加	霜	설	상	가	상

이럴 때 이렇게!

- 눈이 내려 길이 미끄러운데 설상가상으로 눈이 얼어버렸다.
- 등교 시간에 늦었는데 설상가상으로 길까지 막혔어.

21 수수방관(袖手傍觀)

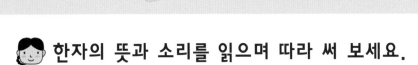

한자의 뜻과 소리를 읽으며 따라 써 보세요.

한자	뜻과 소리	획순
袖	소매 수	袖
手	손 수	手
傍	곁 방	傍
觀	볼 관	觀

袖 袖 袖

手 手 手

傍 傍 傍

觀 觀 觀

고사성어와 담긴 뜻을 바르게 따라 써 보세요.

袖 手 傍 觀 수 수 방 관

간섭하지 않고 지켜만 본다.

'손을 소매에 넣고 곁에서 바라본다.'는 뜻으로,
마땅히 해야 할 일에 전혀 간섭하지 않고 그대로 지켜만 본다는 말이에요.

비슷한 말 오불관언 吾不關焉

袖	手	傍	觀	수	수	방	관

간섭하지 않고 지켜만 본다.

袖	手	傍	觀	수	수	방	관

袖	手	傍	觀	수	수	방	관

이럴 때 이렇게!

· 이웃의 일을 내 일이 아니라고 수수방관만 해서는 안 된다.

· 수수방관하더니 결국 일이 잘못되고 말았어.

22 십중팔구(十中八九)

한자의 뜻과 소리를 읽으며 따라 써 보세요.

十 열 **십**	一 十						
	十	十	十				
中 가운데 **중**	丨 冂 口 中						
	中	中	中				
八 여덟 **팔**	丿 八						
	八	八	八				
九 아홉 **구**	丿 九						
	九	九	九				

고사성어와 담긴 뜻을 바르게 따라 써 보세요.

十	中	八	九	십	중	팔	구

거의 대부분

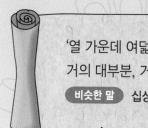

'열 가운데 여덟이나 아홉' 이란 뜻으로,
거의 대부분, 거의 틀림없음을 일컫는 말이에요.

비슷한 말 **십상팔구** 十常八九

十 中 八 九 　 십 중 팔 구

거의 대부분

十 中 八 九 　 십 중 팔 구

十 中 八 九 　 십 중 팔 구

이럴 때 이렇게!

· 등교 시간에 지각하는 친구들은 십중팔구 늦잠 때문이야.

· 교통사고는 십중팔구 부주의에서 비롯된다.

23 아전인수(我田引水)

한자의 뜻과 소리를 읽으며 따라 써 보세요.

我 나 아
丿 二 于 手 我 我 我
我 我 我

田 밭 전
丨 冂 日 田 田
田 田 田

引 끌 인
ㄱ コ 弓 引
引 引 引

水 물 수
亅 才 水 水
水 水 水

고사성어와 담긴 뜻을 바르게 따라 써 보세요.

我 田 引 水 아 전 인 수

자기에게만 이롭게 생각하거나 행동한다.

'내 논에 물을 끌어들인다.'는 뜻으로, 가뭄이 들었는데 자기 논에만 물을 대려는 행동을 말해요. 즉 자기에게만 이롭게 생각하거나 행동하는 것을 뜻해요.

반대말 **역지사지** 易地思之

我	田	引	水	아	전	인	수

자기에게만 이롭게 생각하거나 행동한다.

我	田	引	水	아	전	인	수

我	田	引	水	아	전	인	수

이럴 때 이렇게!

- 사람들은 아전인수 격으로 자기 입장만 생각할 때가 많아요.
- 아전인수라고 서로 양보를 하지 않고 자기 주장만 한다면 합의에 이를 수 없다.

24 안하무인(眼下無人)

한자의 뜻과 소리를 읽으며 따라 써 보세요.

眼 눈 안	丨 冂 冃 月 目 目ㄱ 目ㅋ 目ㅋ 目ヨ 目艮 眼	眼 眼 眼
下 아래 하	一 丅 下	下 下 下
無 없을 무	丿 𠂉 𠂉 午 𠂉 無 無 無 無 無 無 無	無 無 無
人 사람 인	丿 人	人 人 人

고사성어와 담긴 뜻을 바르게 따라 써 보세요.

眼 下 無 人 안 하 무 인

몹시 거만하여 남을 업신여긴다.

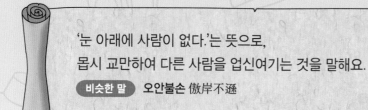

'눈 아래에 사람이 없다.'는 뜻으로,
몹시 교만하여 다른 사람을 업신여기는 것을 말해요.

비슷한 말 오안불손 傲岸不遜

眼	下	無	人	안	하	무	인

몹시 거만하여 남을 업신여긴다.

眼	下	無	人	안	하	무	인

眼	下	無	人	안	하	무	인

이럴 때 이렇게!

- 어르신에게 무례하게 굴다니, 안하무인이 따로 없구나!
- 하루아침에 부자가 된 그는 안하무인으로 행동하였다.

25 어부지리(漁夫之利)

한자의 뜻과 소리를 읽으며 따라 써 보세요.

漁 고기 잡을 어	丶 冫 氵 氵 氵 氵 氵 泊 渔 渔 渔 渔 漁 漁
夫 지아비 부	一 二 夫 夫
之 갈 지	丶 亠 ㇇ 之
利 이로울 리	一 二 千 禾 禾 利 利

漁 漁 漁

夫 夫 夫

之 之 之

利 利 利

고사성어와 담긴 뜻을 바르게 따라 써 보세요.

漁 夫 之 利 어 부 지 리

둘이 싸우는 사이 엉뚱한 사람이 이익을 챙긴다.

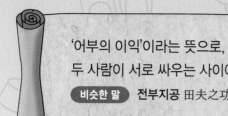

'어부의 이익'이라는 뜻으로,
두 사람이 서로 싸우는 사이에 엉뚱한 제삼자가 이익을 챙긴다는 말이에요.

비슷한 말 전부지공 田夫之功, 어인지리 漁人之利, 어인득리 漁人得利

漁	夫	之	利	어	부	지	리

둘이 싸우는 사이 엉뚱한 사람이 이익을 챙긴다.

漁	夫	之	利	어	부	지	리

漁	夫	之	利	어	부	지	리

이럴 때 이렇게!

- 중국과 일본의 무역 분쟁 때문에 우리나라의 수출이 어부지리 격으로 늘었다.
- 선두로 달리던 선수가 넘어지는 바람에 다른 선수가 어부지리로 메달을 땄어.

26 역지사지(易地思之)

한자의 뜻과 소리를 읽으며 따라 써 보세요.

易 바꿀 역

丨 冂 日 日 戸 男 易 易

易 易 易

地 땅 지

一 十 土 圢 扚 地

地 地 地

思 생각 사

丨 冂 日 田 田 思 思 思 思

思 思 思

之 갈 지

丶 亠 ㇇ 之

之 之 之

고사성어와 담긴 뜻을 바르게 따라 써 보세요.

易 地 思 之 역 지 사 지

상대방과 입장을 바꾸어 생각한다.

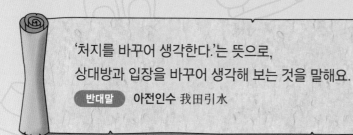

'처지를 바꾸어 생각한다.'는 뜻으로,
상대방과 입장을 바꾸어 생각해 보는 것을 말해요.

반대말 아전인수 我田引水

易	地	思	之	역	지	사	지

상대방과 입장을 바꾸어 생각한다.

易	地	思	之	역	지	사	지

易	地	思	之	역	지	사	지

이럴 때 이렇게!

- 친구와 다툼이 있을 때는 역지사지로 생각해 봐야 해.
- 역지사지의 마음으로 상대방의 입장을 헤아려보자.

27 오리무중(五里霧中)

한자의 뜻과 소리를 읽으며 따라 써 보세요.

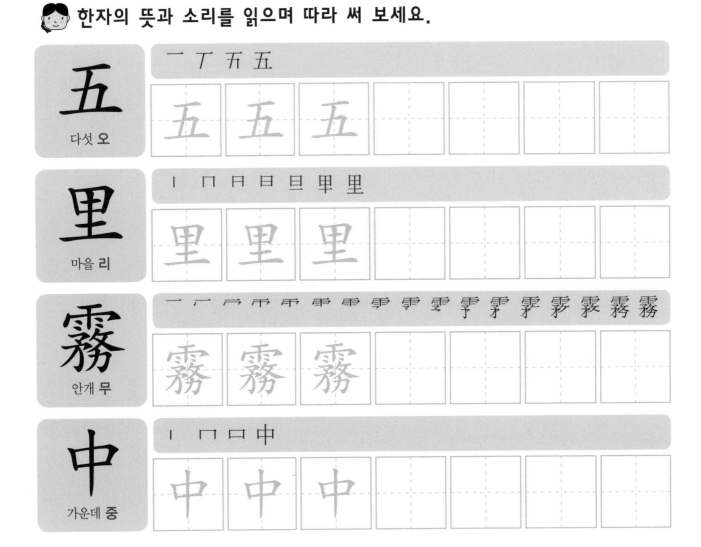

한자	획순							
五 다섯 오	一 丆 五 五	五	五	五				
里 마을 리	丨 冂 日 日 旦 甲 里	里	里	里				
霧 안개 무	(17획)	霧	霧	霧				
中 가운데 중	丨 冂 口 中	中	中	中				

고사성어와 담긴 뜻을 바르게 따라 써 보세요.

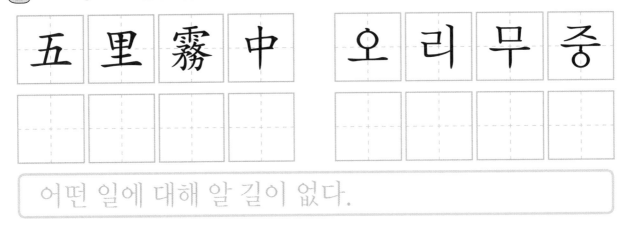

五	里	霧	中	오	리	무	중

어떤 일에 대해 알 길이 없다.

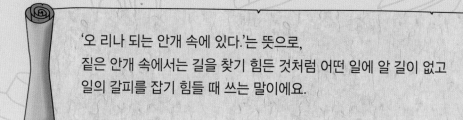

'오 리나 되는 안개 속에 있다.'는 뜻으로,
짙은 안개 속에서는 길을 찾기 힘든 것처럼 어떤 일에 알 길이 없고
일의 갈피를 잡기 힘들 때 쓰는 말이에요.

五	里	霧	中	오	리	무	중

어떤 일에 대해 알 길이 없다.

五	里	霧	中	오	리	무	중

五	里	霧	中	오	리	무	중

이럴 때 이렇게!

- 아직 그 사건은 오리무중인 상태이다.
- 이번 반장 선거에서 누가 뽑힐지 오리무중이야.

28 오비이락(烏飛梨落)

한자의 뜻과 소리를 읽으며 따라 써 보세요.

한자	획순	따라 쓰기
烏 까마귀 오	丿 ｢ 户 户 户 乌 烏 烏 烏 烏	烏 烏 烏
飛 날 비	⺄ ⺄ ⺄ 飞 飞 飞 飛 飛 飛	飛 飛 飛
梨 배나무 이	一 二 千 禾 禾 利 利 利 梨 梨 梨	梨 梨 梨
落 떨어질 락	一 十 艹 艹 艹 艹 茳 茳 茖 茖 落 落 落	落 落 落

고사성어와 담긴 뜻을 바르게 따라 써 보세요.

烏 飛 梨 落 오 비 이 락

우연히 동시에 일어난 일로 의심을 받는다.

'까마귀 날자 배 떨어진다.'는 뜻으로,
우연히 동시에 일어난 일 때문에 궁지에 몰리거나
사람들로부터 의심을 받는 것을 말해요.

烏	飛	梨	落	오	비	이	락

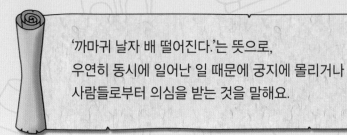

우연히 동시에 일어난 일로 의심을 받는다.

烏	飛	梨	落	오	비	이	락

烏	飛	梨	落	오	비	이	락

이럴 때 이렇게!

- 오비이락이라고, 의심받을 만한 행동은 애초에 하질 말아야지.
- 오비이락이라더니 잘 작동되던 장난감이 내가 만지자 고장 나 버렸다.

29 외유내강(外柔內剛)

한자의 뜻과 소리를 읽으며 따라 써 보세요.

外
바깥 외
丿 ク 夕 夘 外
外 外 外

柔
부드러울 유
乛 龴 ⺈ 予 矛 柔 柔 柔 柔
柔 柔 柔

內
안 내
丨 冂 冂 內
內 內 內

剛
굳셀 강
丨 冂 冂 円 円 冈 岡 岡 剛 剛
剛 剛 剛

고사성어와 담긴 뜻을 바르게 따라 써 보세요.

外 柔 內 剛 외 유 내 강

겉모습은 부드럽지만 속마음은 강하다.

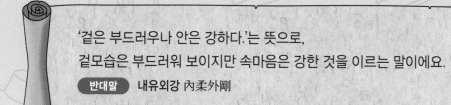

'겉은 부드러우나 안은 강하다.'는 뜻으로,
겉모습은 부드러워 보이지만 속마음은 강한 것을 이르는 말이에요.

반대말 내유외강 內柔外剛

外	柔	內	剛	외	유	내	강

겉모습은 부드럽지만 속마음은 강하다.

外	柔	內	剛	외	유	내	강

外	柔	內	剛	외	유	내	강

이럴 때 이렇게!

- 저 사람은 온순해 보이지만 외유내강이라고 성격이 강직해.
- 믿음직한 친구들을 보면 대체로 외유내강인 경우가 많아.

30 우유부단(優柔不斷)

한자의 뜻과 소리를 읽으며 따라 써 보세요.

優
넉넉할 우

柔
부드러울 유

不
아닐 부

斷
끊을 단

고사성어와 담긴 뜻을 바르게 따라 써 보세요.

優柔不斷 우유부단

망설이고 결단하지 못한다.

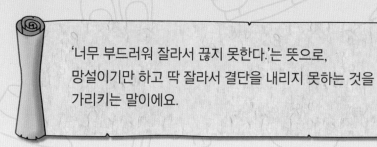

'너무 부드러워 잘라서 끊지 못한다.'는 뜻으로,
망설이기만 하고 딱 잘라서 결단을 내리지 못하는 것을
가리키는 말이에요.

優	柔	不	斷	우	유	부	단

망설이고 결단하지 못한다.

優	柔	不	斷	우	유	부	단

優	柔	不	斷	우	유	부	단

이럴 때 이렇게!

- 우유부단한 성격을 고치기 위해서는 어떤 노력을 해야 할까?
- 친구의 우유부단한 태도 때문에 무척 답답했다.

31 우이독경(牛耳讀經)

한자의 뜻과 소리를 읽으며 따라 써 보세요.

牛 소 우
丿 𠂉 ㇗ 牛
牛 牛 牛

耳 귀 이
一 丅 𠀃 𠀇 𦣞 耳
耳 耳 耳

讀 읽을 독
讀 讀 讀

經 지날 경
經 經 經

고사성어와 담긴 뜻을 바르게 따라 써 보세요.

牛耳讀經 우이독경

어리석은 사람은 말해도 알지 못한다.

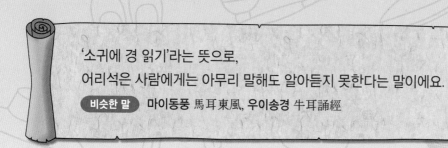

'소귀에 경 읽기'라는 뜻으로,
어리석은 사람에게는 아무리 말해도 알아듣지 못한다는 말이에요.

비슷한 말 마이동풍 馬耳東風, 우이송경 牛耳誦經

牛 耳 讀 經 우 이 독 경

어리석은 사람은 말해도 알지 못한다.

牛 耳 讀 經 우 이 독 경

牛 耳 讀 經 우 이 독 경

이럴 때 이렇게!

- 고집이 센 사람은 무슨 얘기를 해 줘도 우이독경일 때가 많아.
- 선생님이 아무리 꾸지람을 해도 아이들은 우이독경이었다.

32 유비무환(有備無患)

한자의 뜻과 소리를 읽으며 따라 써 보세요.

有 있을 유

丿 ナ 才 有 有 有

有 有 有

備 갖출 비

丿 亻 亻 亻 亻 亻 亻 亻 倩 倩 倩 備

備 備 備

無 없을 무

丿 𠂉 𠂉 𠂉 𠂉 𠂉 𠂉 無 無 無 無 無

無 無 無

患 근심 환

丨 冂 口 吕 吕 吕 串 串 患 患 患

患 患 患

고사성어와 담긴 뜻을 바르게 따라 써 보세요.

有 備 無 患 유 비 무 환

미리 준비하면 걱정이 없다.

'준비하면 근심이 없다.'라는 뜻으로,
어떤 일에 미리 준비하고 대비책을 세우면 걱정이 없다는 말이에요.

비슷한 말 거안사위 居安思危

有	備	無	患	유	비	무	환

미리 준비하면 걱정이 없다.

有	備	無	患	유	비	무	환

有	備	無	患	유	비	무	환

이럴 때 이렇게!

- 유비무환이라고 미리미리 공부해야 시험을 쉽게 치를 수 있어.
- 유비무환의 자세로 평화로울 때일수록 군사의 힘을 키워 놓아야 한다.

33 이구동성(異口同聲)

한자의 뜻과 소리를 읽으며 따라 써 보세요.

한자	필순	따라 쓰기
異 다를 이	丨 冂 冃 冊 田 罒 甲 畀 畢 異 異	異 異 異
口 입 구	丨 冂 口	口 口 口
同 한 가지 동	丨 冂 冂 同 同 同	同 同 同
聲 소리 성	一 十 士 声 声 声 声 声 殸 殸 殸 磬 磬 聲 聲 聲 聲	聲 聲 聲

고사성어와 담긴 뜻을 바르게 따라 써 보세요.

異口同聲 이구동성

여러 사람의 말이 한결같다.

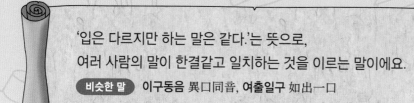

'입은 다르지만 하는 말은 같다.'는 뜻으로,
여러 사람의 말이 한결같고 일치하는 것을 이르는 말이에요.

비슷한 말 **이구동음** 異口同音, **여출일구** 如出一口

異	口	同	聲	이	구	동	성

여러 사람의 말이 한결같다.

異	口	同	聲	이	구	동	성

異	口	同	聲	이	구	동	성

이럴 때 이렇게!

- 사람들이 이구동성으로 그 집 음식은 최고라고 칭찬했다.
- 모두 목소리를 높여 이구동성으로 구호를 외쳤다.

34 이심전심(以心傳心)

한자의 뜻과 소리를 읽으며 따라 써 보세요.

한자	뜻과 소리	필순	따라 쓰기
以	써 이	丨 ㇗ ㇗丶 以 以	以 以 以
心	마음 심	丶 乚 心 心	心 心 心
傳	전할 전	丿 亻 𠆢 𠆢 佰 佰 佰 俥 俥 俥 傅 傳 傳	傳 傳 傳
心	마음 심	丶 乚 心 心	心 心 心

고사성어와 담긴 뜻을 바르게 따라 써 보세요.

以 心 傳 心 　 이 심 전 심

마음이 서로 통한다.

'마음에서 마음으로 전한다.'는 뜻으로,
말이나 글로 전하지 않고도 서로 뜻이 통한다는 말이에요.

비슷한 말 **염화미소** 拈華微笑, **심심상인** 心心相印

以	心	傳	心	이	심	전	심

마음이 서로 통한다.

以	心	傳	心	이	심	전	심

以	心	傳	心	이	심	전	심

이럴 때 이렇게!

- 참석한 모든 사람의 생각이 이심전심으로 통했다.
- 영수는 이심전심으로 마음이 통하는 친구다.

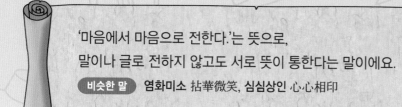

35 일거양득(一擧兩得)

한자의 뜻과 소리를 읽으며 따라 써 보세요.

한자	뜻과 소리	필순
一	한 일	一
擧	들 거	ˊ 𠂆 ⺊ ⺊ ⺊ ⺊ ⺊ ⺊ ⺊ ⺊ 𦥑 與 與 與 舉 舉 擧
兩	두 양	一 冂 冂 帀 帀 両 兩 兩
得	얻을 득	ノ 彳 彳 彳 彳 彳 彳 得 得 得 得

一 一 一

擧 擧 擧

兩 兩 兩

得 得 得

고사성어와 담긴 뜻을 바르게 따라 써 보세요.

一擧兩得 일거양득

한 가지 일로 두 가지 이익을 얻는다.

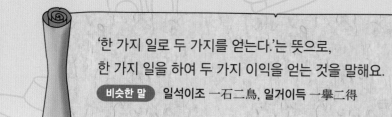

'한 가지 일로 두 가지를 얻는다.'는 뜻으로,
한 가지 일을 하여 두 가지 이익을 얻는 것을 말해요.

비슷한 말 일석이조 一石二鳥, 일거이득 一擧二得

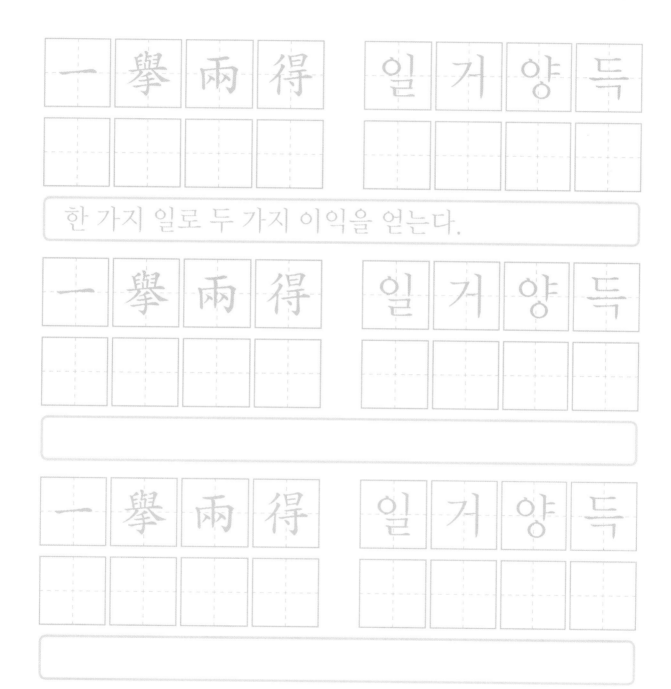

一	擧	兩	得	일	거	양	득

한 가지 일로 두 가지 이익을 얻는다.

一	擧	兩	得	일	거	양	득

一	擧	兩	得	일	거	양	득

이럴 때 이렇게!

- 꿩 먹고 알 먹는다는 속담이 일거양득의 뜻과 같다.
- 독서는 인성도 기르고 지식도 쌓는 일거양득의 효과가 있습니다.

36 일석이조(一石二鳥)

한자의 뜻과 소리를 읽으며 따라 써 보세요.

한자	뜻과 소리	필순	따라 쓰기
一	한 일	一	一 一 一
石	돌 석	一 ㄏ 丆 石 石	石 石 石
二	두 이	一 二	二 二 二
鳥	새 조	′ 丨 户 户 户 自 鸟 鳥 鳥 鳥 鳥	鳥 鳥 鳥

고사성어와 담긴 뜻을 바르게 따라 써 보세요.

一 石 二 鳥 일 석 이 조

한 가지 일로 두 가지 이익을 얻는다.

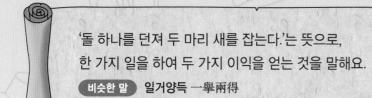

'돌 하나를 던져 두 마리 새를 잡는다.'는 뜻으로,
한 가지 일을 하여 두 가지 이익을 얻는 것을 말해요.

비슷한 말 일거양득 一擧兩得

一	石	二	鳥	일	석	이	조

한 가지 일로 두 가지 이익을 얻는다.

一	石	二	鳥	일	석	이	조

一	石	二	鳥	일	석	이	조

이럴 때 이렇게!

- 바자회에서 안 입는 옷도 처분하고, 수익금으로 어려운 사람도 도우니 일석이조네.
- 나물 요리는 맛도 있고 몸에도 좋고 일석이조다.

그 밖의 고사성어

ㅂ~ㅇ으로 시작하는 고사성어

백문불여일견 (百 일백 **백** 聞 들을 **문** 不 아닐 **불** 如 같을 **여** 一 한 **일** 見 볼 **견**)

'백 번 듣는 것이 한 번 보는 것만 못하다.'는 뜻으로,
무엇이든 전해 듣는 것보다 직접 경험해야 확실하게 알 수 있다는 말이에요.

백미 (白 흰 **백** 眉 눈썹 **미**)

'흰 눈썹'이라는 뜻으로,
여럿 가운데 가장 뛰어난 사람이나 물건을 가리키는 말이에요.

백발백중 (百 일백 **백** 發 쏠 **발** 百 일백 **백** 中 가운데 **중**)

'백 번 쏘아 백 번 맞춘다.'는 뜻으로,
목표로 삼거나 계획하는 일이 실패 없이 잘 되는 것을 말해요.

사상누각 (沙 모래 **사** 上 윗 **상** 樓 다락 **누** 閣 집 **각**)

'모래 위에 세운 누각'이라는 뜻으로, 모래 위에 지은 집처럼 기초가
튼튼하지 못해 곧 무너지는 것과 실현하지 못할 일을 두고 이르는 말이에요.

사필귀정 (事 일 **사** 必 반드시 **필** 歸 돌아갈 **귀** 正 바를 **정**)

'일은 반드시 바른 곳으로 돌아간다.'는 뜻으로,
무슨 일이든 결국에는 바른 모습과 바른 이치대로 돌아간다는 말이에요.

삼라만상 (森 수풀 **삼** 羅 벌일 **라** 萬 일만 **만** 象 코끼리 **상**)

'온갖 사물들이 숲처럼 빼곡히 펴져 있는 모습'을 뜻하며,
우주 안에 있는 모든 사물과 현상을 일컫는 말이에요.

수어지교 (水 물 **수** 魚 물고기 **어** 之 갈 **지** 交 사귈 **교**)

'물과 고기의 사귐'이라는 뜻으로, 고기가 물을 떠나서는 살 수 없듯이
아주 친하여 떨어질 수 없는 사이를 말하며 임금과 신하, 부부 등을 가리켜요.

시시비비 (是 옳을 시 是 옳을 시 非 아닐 비 非 아닐 비)

'옳은 것은 옳고 그른 것은 그르다고 한다.'는 뜻으로,
옳고 그른 것을 공정하게 판단하는 것을 이르는 말이에요.

안빈낙도 (安 편안 안 貧 가난할 빈 樂 즐길 낙 道 길 도)

'가난한 가운데 편안한 마음으로 도를 즐긴다.'는 뜻으로,
가난을 탓하지 않고 의롭게 살아가는 삶의 자세를 일컫는 말이에요.

언중유골 (言 말씀 언 中 가운데 중 有 있을 유 骨 뼈 골)

'말 속에 뼈가 있다.'는 뜻으로,
부드러운 말 속에 만만치 않은 속뜻이 들어 있다는 말이에요.

언행일치 (言 말씀 언 行 다닐 행 一 한 일 致 이를 치)

'말과 행동이 같다.'는 뜻이며,
자신이 말한 대로 행동에 옮기는 것을 말해요.

오십보백보 (五 다섯 오 十 열 십 步 걸음 보 百 일백 백 步 걸음 보)

'오십 보 도망친 사람이 백 보 도망 친 사람을 비웃는다.'는 뜻으로,
조금 못나고 조금 잘난 차이는 큰 차이 없이 마찬가지라는 뜻이에요.

온고지신 (溫 따뜻할 온 故 연고 고 知 알 지 新 새 신)

'옛것을 익히고 새것을 안다.'는 뜻으로,
지난 과거를 바탕으로 미래를 준비하는 깨달음을 얻는다는 말이에요.

와신상담 (臥 누울 와 薪 섶 신 嘗 맛볼 상 膽 쓸개 담)

'땔감 위에 누워 잠자고 쓸개를 맛본다.'는 뜻으로,
원수를 갚거나 계획한 일을 이루기 위해 온갖 괴로움을 참고 견딘다는 말이에요.

용두사미 (龍 용 용 頭 머리 두 蛇 긴 뱀 사 尾 꼬리 미)

'머리는 용이고 꼬리는 뱀이다.'는 뜻으로,
시작은 좋았지만 갈수록 나빠지는 것을 비유하는 말이에요.

일취월장 (日 날 일 就 나아갈 취 月 달 월 將 장수 장)

'날마다 달마다 발전해 나간다.'는 뜻으로,
날이 가고 달이 갈수록 크게 발전하는 모습을 표현한 말이에요.

재미있는 고사성어 퀴즈

1 알맞은 고사성어를 보기에서 찾아 빈 칸에 써 보세요.

보기

우유부단 새옹지마 이심전심 이구동성 선견지명
오리무중 설상가상 역지사지 백전백승 유비무환

1) 상대방을 잘 파악해야 □□□□할 수 있어.

2) 인간사 □□□□라고 놓친 버스가 사고 날 줄이야!

3) 등교 시간에 늦었는데 □□□□으로 길까지 막혔어.

4) 참석한 모든 사람의 생각이 □□□□으로 통했다.

5) 성공한 사람들은 □□□□이 있다.

6) □□□□의 자세로 평화로울 때일수록 군사의 힘을 키워 놓아야 한다.

7) 아직 그 사건은 □□□□인 상태이다.

8) 사람들이 □□□□으로 그 집 음식을 칭찬했다.

9) 친구와 다툼이 있을 때는 □□□□로 생각해 봐야 해.

10) 친구의 □□□□한 태도 때문에 무척 답답했다.

2 각각의 뜻에 해당하는 고사성어를 줄로 이어 보세요.

1. 한 가지 일로 두 가지 이익을 얻는다.
2. 마음이 서로 통한다.
3. 둘이 싸우는 사이 엉뚱한 사람이 이익을 챙긴다.

일석이조 · 어부지리 · 이심전심

4. 자신의 몸을 희생해서 옳은 일을 한다.
5. 자기에게만 이롭게 생각하거나 행동한다.
6. 겉모습은 부드럽지만 속마음은 강하다.

아전인수 · 외유내강 · 살신성인

정답

1. 1) 백전백승 2) 새옹지마 3) 설상가상 4) 이심전심 5) 선견지명 6) 유비무환 7) 오리무중 8) 이구동성 9) 역지사지 10) 우유부단
2. 1) 일석이조 2) 이심전심 3) 어부지리 4) 살신성인 5) 아전인수 6) 외유내강

37 자포자기(自暴自棄)

한자의 뜻과 소리를 읽으며 따라 써 보세요.

自 스스로 자
丿 亻 㐰 白 自 自
自 自 自

暴 사나울 포
丨 冂 日 日 旦 早 昇 昇 昇 㫍 㬥 㬥 暴 暴 暴
暴 暴 暴

自 스스로 자
丿 亻 㐰 白 自 自
自 自 自

棄 버릴 기
丶 亠 亡 产 云 궁 곷 夻 奋 棄 棄 棄
棄 棄 棄

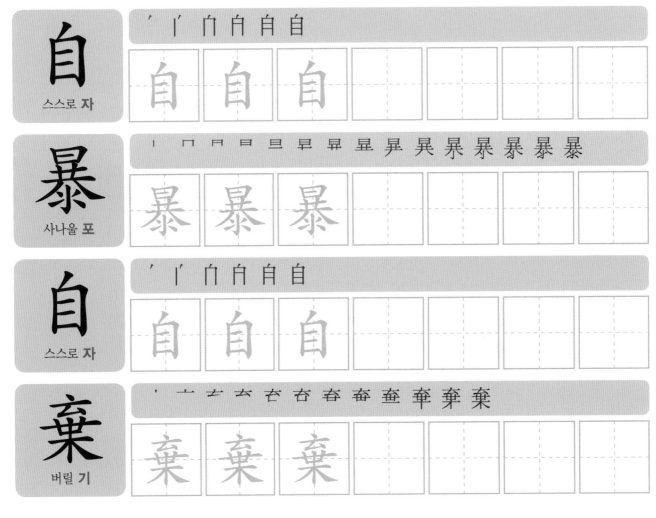

고사성어와 담긴 뜻을 바르게 따라 써 보세요.

自暴自棄 자포자기

절망에 빠져 자신을 돌보지 않는다.

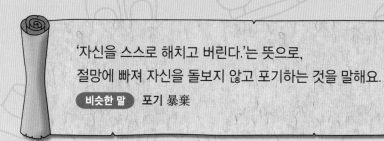

'자신을 스스로 해치고 버린다.'는 뜻으로,
절망에 빠져 자신을 돌보지 않고 포기하는 것을 말해요.

비슷한 말 포기 暴棄

自	暴	自	棄	자	포	자	기

절망에 빠져 자신을 돌보지 않는다.

自	暴	自	棄	자	포	자	기

自	暴	自	棄	자	포	자	기

이럴 때 이렇게!

- 나는 시험에 떨어졌다는 소식을 듣고 자포자기하였다.
- 힘든 일이 있더라도 자포자기하듯 일을 그만 둬서는 안 돼.

38 적반하장(賊反荷杖)

한자의 뜻과 소리를 읽으며 따라 써 보세요.

賊 도둑 적
丨 冂 冃 月 目 貝 貝 貝 賊 賊 賊 賊 賊
賊 賊 賊

反 돌이킬 반
一 厂 反 反
反 反 反

荷 멜 하
一 十 艹 艹 芢 芢 芢 荷 荷 荷 荷
荷 荷 荷

杖 몽둥이 장
一 十 才 木 木 杖 杖
杖 杖 杖

고사성어와 담긴 뜻을 바르게 따라 써 보세요.

賊 反 荷 杖 적 반 하 장

잘못한 사람이 잘못 없는 사람을 나무란다.

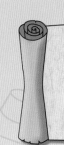

'도둑이 도리어 매를 든다.'는 뜻으로, 도둑이 매를 들고 주인에게 대드는 것처럼 잘못한 사람이 아무 잘못도 없는 사람을 나무란다는 말이에요.

비슷한 말 객반위주 客反爲主

賊	反	荷	杖	적	반	하	장

잘못한 사람이 잘못 없는 사람을 나무란다.

賊	反	荷	杖	적	반	하	장

賊	反	荷	杖	적	반	하	장

이럴 때 이렇게!

- 적반하장도 유분수지, 일본은 독도가 자기들 땅이라고 한다.
- 적반하장이라더니, 빌려 입고 간 옷을 망가뜨려 놓고는 되레 큰소리친다.

39 조삼모사(朝三暮四)

한자의 뜻과 소리를 읽으며 따라 써 보세요.

한자	뜻과 소리	획순	따라 쓰기
朝	아침 조	一 十 𠂇 古 古 古 直 卓 𠦝 朝 朝 朝	朝 朝 朝
三	석 삼	一 二 三	三 三 三
暮	저물 모	一 十 艹 艹 艹 芇 苜 苜 莫 莫 莫 暮 暮 暮 暮	暮 暮 暮
四	넉 사	丨 冂 冂 四 四	四 四 四

고사성어와 담긴 뜻을 바르게 따라 써 보세요.

朝 三 暮 四 　 조 삼 모 사

간사한 꾀로 남을 속인다.

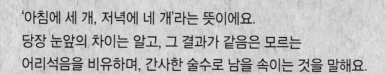

'아침에 세 개, 저녁에 네 개'라는 뜻이에요.
당장 눈앞의 차이는 알고, 그 결과가 같음은 모르는
어리석음을 비유하며, 간사한 술수로 남을 속이는 것을 말해요.

朝	三	暮	四		조	삼	모	사

간사한 꾀로 남을 속인다.

朝	三	暮	四		조	삼	모	사

朝	三	暮	四		조	삼	모	사

이럴 때 이렇게!

- 조삼모사처럼 눈앞의 이익에만 급급한 사람들이 있다.
- 근본적인 대책보다는 조삼모사 식의 대책을 내 놓을 가능성이 크다.

40 죽마고우(竹馬故友)

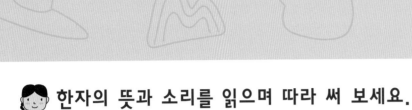

한자의 뜻과 소리를 읽으며 따라 써 보세요.

竹
대 죽

丿 𠂉 𥫗 𥫗 𥫗 竹

竹 竹 竹

馬
말 마

丨 𠂇 𠃌 ⺪ ⺪ 馬 馬 馬 馬 馬

馬 馬 馬

故
연고 고

一 十 十 古 古 古 古 故 故

故 故 故

友
벗 우

一 ナ 方 友

友 友 友

고사성어와 담긴 뜻을 바르게 따라 써 보세요.

竹 馬 故 友 죽 마 고 우

어릴 때부터 같이 놀며 자란 친구

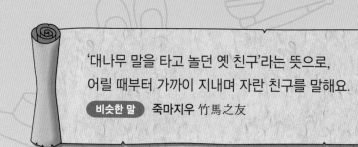

'대나무 말을 타고 놀던 옛 친구'라는 뜻으로,
어릴 때부터 가까이 지내며 자란 친구를 말해요.

비슷한 말 죽마지우 竹馬之友

竹	馬	故	友	죽	마	고	우

어릴 때부터 같이 놀며 자란 친구

竹	馬	故	友	죽	마	고	우

竹	馬	故	友	죽	마	고	우

이럴 때 이렇게!

- 죽마고우라 해도 지켜야 할 예절이 있는 법이야.
- 승규는 내 죽마고우인 친구다.

41 천고마비(天高馬肥)

한자의 뜻과 소리를 읽으며 따라 써 보세요.

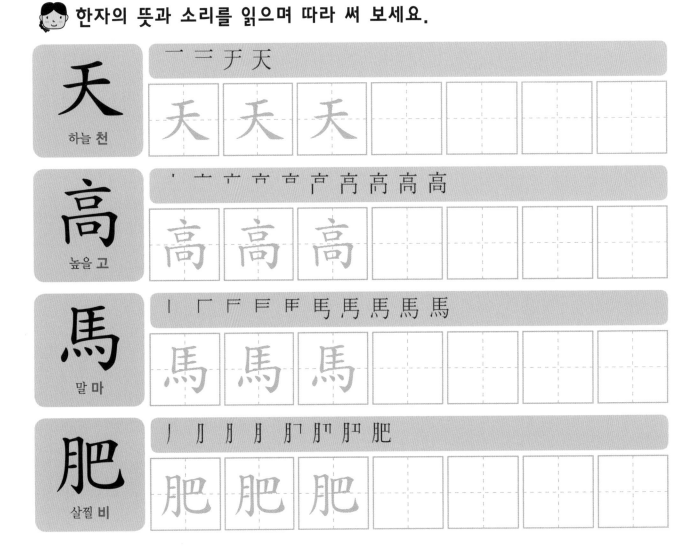

天
하늘 천

一 二 チ 天

天 天 天

高
높을 고

丶 亠 亠 亠 古 卢 高 高 高 高

高 高 高

馬
말 마

丨 ㄏ 𠂆 F 甲 馬 馬 馬 馬 馬

馬 馬 馬

肥
살찔 비

丿 刀 月 月 肌 肌 肥 肥

肥 肥 肥

고사성어와 담긴 뜻을 바르게 따라 써 보세요.

天 高 馬 肥 천 고 마 비

하늘이 맑고 풍요로운 가을

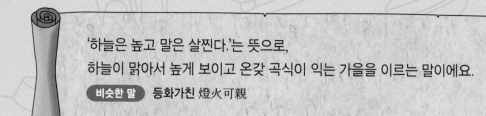

'하늘은 높고 말은 살찐다.'는 뜻으로,
하늘이 맑아서 높게 보이고 온갖 곡식이 익는 가을을 이르는 말이에요.

비슷한 말 등화가친 燈火可親

天	高	馬	肥	천	고	마	비

하늘이 맑고 풍요로운 가을

天	高	馬	肥	천	고	마	비

天	高	馬	肥	천	고	마	비

이럴 때 이렇게!

- 천고마비의 계절은 놀기도 좋고 책 읽기에도 좋다.
- 가을은 천고마비의 계절이라더니 식욕이 왕성해졌어요.

42 청출어람(青出於藍)

한자의 뜻과 소리를 읽으며 따라 써 보세요.

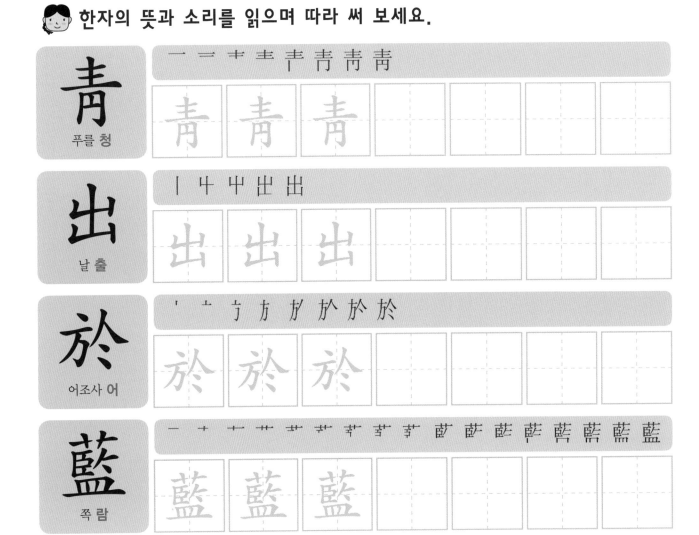

한자	뜻과 소리	획순
青	푸를 청	一 = 丰 圭 青 青 青 青
出	날 출	丨 屮 屮 出 出
於	어조사 어	丶 亠 方 方 方 於 於 於
藍	쪽 람	一 十 艹 艹 艹 艹 艹 艹 艹 艹 艹 艹 艹 艹 藍 藍 藍

青 青 青

出 出 出

於 於 於

藍 藍 藍

고사성어와 담긴 뜻을 바르게 따라 써 보세요.

青 出 於 藍　청 출 어 람

제자가 스승보다 더 낫다.

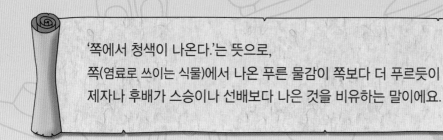

'쪽에서 청색이 나온다.'는 뜻으로,
쪽(염료로 쓰이는 식물)에서 나온 푸른 물감이 쪽보다 더 푸르듯이
제자나 후배가 스승이나 선배보다 나은 것을 비유하는 말이에요.

靑	出	於	藍	청	출	어	람

제자가 스승보다 더 낫다.

靑	出	於	藍	청	출	어	람

靑	出	於	藍	청	출	어	람

이럴 때 이렇게!

- 제자가 스승보다 실력이 나은 걸 보니 청출어람일세.
- 청출어람이라더니 가르친 내가 이제는 한 수 배워야겠구나.

43 초지일관(初志一貫)

한자의 뜻과 소리를 읽으며 따라 써 보세요.

初 처음 초	丶 ㇇ 礻 礻 衤 衤 初 初	初 初 初
志 뜻 지	一 十 士 士 志 志 志	志 志 志
一 한 일	一	一 一 一
貫 꿸 관	ㄴ 口 毌 毌 毌 毌 毌 貫 貫 貫 貫	貫 貫 貫

고사성어와 담긴 뜻을 바르게 따라 써 보세요.

初 志 一 貫 초 지 일 관

처음에 세운 뜻을 끝까지 지켜 나간다.

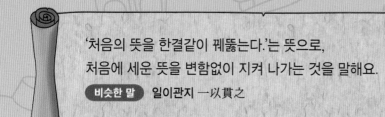

'처음의 뜻을 한결같이 꿰뚫는다.'는 뜻으로,
처음에 세운 뜻을 변함없이 지켜 나가는 것을 말해요.

비슷한 말 일이관지 一以貫之

初	志	一	貫	초	지	일	관

처음에 세운 뜻을 끝까지 지켜 나간다.

初	志	一	貫	초	지	일	관

初	志	一	貫	초	지	일	관

이럴 때 이렇게!

- 목표를 달성하려면 초지일관 노력해야 한다.
- 초지일관으로 승부하면 반드시 이길 수 있을 거야.

44 타산지석(他山之石)

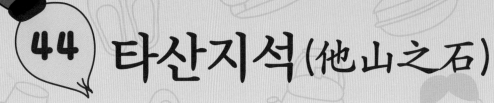

한자의 뜻과 소리를 읽으며 따라 써 보세요.

他 다를 타	丿 亻 仁 仲 他
山 뫼 산	丨 山 山
之 갈 지	丶 亠 ㇇ 之
石 돌 석	一 丆 不 石 石

他 他 他

山 山 山

之 之 之

石 石 石

고사성어와 담긴 뜻을 바르게 따라 써 보세요.

他山之石 타산지석

다른 사람의 말과 행동에서 교훈을 얻는다.

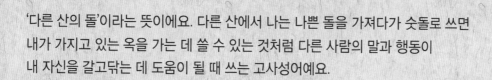

'다른 산의 돌'이라는 뜻이에요. 다른 산에서 나는 나쁜 돌을 가져다가 숫돌로 쓰면 내가 가지고 있는 옥을 가는 데 쓸 수 있는 것처럼 다른 사람의 말과 행동이 내 자신을 갈고닦는 데 도움이 될 때 쓰는 고사성어예요.

他	山	之	石	타	산	지	석

다른 사람의 말과 행동에서 교훈을 얻는다.

他	山	之	石	타	산	지	석

他	山	之	石	타	산	지	석

이럴 때 이렇게!

- 사람들의 언행을 타산지석으로 삼아야 한다.
- 우리나라의 발전은 다른 나라에서 타산지석이 되고 있다.

45 팔방미인(八方美人)

한자의 뜻과 소리를 읽으며 따라 써 보세요.

八 여덟 **팔**

丿 八

八 八 八

方 모 **방**

丶 亠 亍 方

方 方 方

美 아름다울 **미**

丶 丷 䒑 兰 𦍋 羊 𦍌 羙 美

美 美 美

人 사람 **인**

丿 人

人 人 人

고사성어와 담긴 뜻을 바르게 따라 써 보세요.

八 方 美 人　팔 방 미 인

여러 방면에서 뛰어난 사람

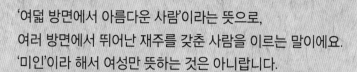

'여덟 방면에서 아름다운 사람'이라는 뜻으로,
여러 방면에서 뛰어난 재주를 갖춘 사람을 이르는 말이에요.
'미인'이라 해서 여성만 뜻하는 것은 아니랍니다.

八	方	美	人	팔	방	미	인

여러 방면에서 뛰어난 사람

八	方	美	人	팔	방	미	인

八	方	美	人	팔	방	미	인

이럴 때 이렇게!

- 팔방미인이 되려면 어떤 것이든 잘하려고 노력해야 한다.
- 요즘 연예인들은 하나만 잘해서는 안 되고 팔방미인이어야 한다.

46 함흥차사(咸興差使)

한자의 뜻과 소리를 읽으며 따라 써 보세요.

한자	뜻과 소리	필순	따라 쓰기
咸	다 함	丿 厂 厂 厂 后 后 咸 咸 咸	咸 咸 咸
興	일 흥	興 (16획)	興 興 興
差	다를 차	丶 丷 䒑 䒑 羊 羊 差 差 差 差	差 差 差
使	하여금 사	丿 亻 亻 仁 伊 伊 使 使	使 使 使

고사성어와 담긴 뜻을 바르게 따라 써 보세요.

咸 興 差 使 함 흥 차 사

한 번 가면 아무런 소식이 없다.

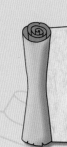

'한 번 가면 아무런 소식이 없다.'는 뜻으로, 심부름을 간 사람이 소식이 없거나 어떤 소식도 전해 오지 않을 때 쓰는 말이에요. 함흥차사는 함흥에 보낸 사신은 가면 아무 소식이 없다는 태조 이성계의 이야기에서 유래한 고사성어예요.

咸	興	差	使	함	흥	차	사

한 번 가면 아무런 소식이 없다.

咸	興	差	使	함	흥	차	사

咸	興	差	使	함	흥	차	사

이럴 때 이렇게!

- 북한으로 보낸 우리 정부의 물음은 아직도 함흥차사이다.
- 친구들이 올 때가 지났는데 아직 함흥차사이다.

47 형설지공(螢雪之功)

한자의 뜻과 소리를 읽으며 따라 써 보세요.

螢 반딧불 형

丶 丷 火 火 炏 炏 炏 炏 炏 炏 熒 熒 熒 螢 螢 螢

螢 螢 螢

雪 눈 설

一 厂 𠂉 币 币 币 雨 雨 雪 雪 雪

雪 雪 雪

之 갈 지

丶 亠 𠂇 之

之 之 之

功 공 공

一 丅 工 玎 功

功 功 功

고사성어와 담긴 뜻을 바르게 따라 써 보세요.

螢 雪 之 功 형 설 지 공

어려운 처지에서도 부지런히 공부한다.

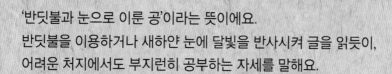

'반딧불과 눈으로 이룬 공'이라는 뜻이에요.
반딧불을 이용하거나 새하얀 눈에 달빛을 반사시켜 글을 읽듯이,
어려운 처지에서도 부지런히 공부하는 자세를 말해요.

螢 雪 之 功 형 설 지 공

어려운 처지에서도 부지런히 공부한다.

螢 雪 之 功 형 설 지 공

螢 雪 之 功 형 설 지 공

이럴 때 이렇게!

- 형설지공으로 공부해야 목표를 이룰 수 있어.
- 형설지공하는 자세로 노력하면 못할 게 없어.

그 밖의 고사성어

ㅈ~ㅎ으로 시작하는 고사성어

자초지종 (自 스스로 자 初 처음 초 至 이를 지 終 마칠 종)

'처음부터 끝까지'라는 뜻으로,
일의 처음부터 끝까지의 과정을 말해요.

작심삼일 (作 지을 작 心 마음 심 三 석 삼 日 날 일)

'마음을 먹은 지 삼 일을 넘기지 못한다.'는 뜻으로,
결심한 계획이 사흘을 넘기지 못하고 흐지부지해지는 것을 말해요.

전전긍긍 (戰 싸움 전 戰 싸움 전 兢 떨릴 긍 兢 떨릴 긍)

'겁을 먹고 두려워 떨며 삼가고 조심한다.'는 뜻으로,
어떤 위기감에 절박해진 마음을 비유하는 말이에요.

전화위복 (轉 구를 전 禍 재앙 화 爲 할 위 福 복 복)

'재앙이 바뀌어 복이 된다.'는 뜻으로, 불행한 일도 끊임없이 노력하고
의지를 보이면 행복으로 바꿀 수 있다는 말이에요.

좌불안석 (坐 앉을 좌 不 아닐 불 安 편안 안 席 자리 석)

'자리에 편안하게 앉지 못한다.'는 뜻으로, 불안하고 걱정스러워서 한자리에
편안하게 있지 못하고 안절부절못하는 모습을 이르는 말이에요.

중구난방 (衆 무리 중 口 입 구 難 어려울 난 防 막을 방)

'여러 사람의 입을 막기 어렵다.'는 뜻으로,
많은 사람이 자기 의견만 떠들어 대는 것을 말해요.

중언부언 (重 무거울 중 言 말씀 언 復 다시 부 言 말씀 언)

'거듭 말하고 다시 말한다.'는 뜻으로,
같은 말을 자꾸 되풀이하는 것을 말해요.

천군만마 (千 일천 **천** 軍 군사 **군** 萬 일만 **만** 馬 말 **마**)
'천 명의 군사와 만 마리의 말'이라는 뜻으로,
큰 규모의 군대, 즉 강력한 군사력을 일컫는 말이에요.

청천벽력 (靑 푸를 **청** 天 하늘 **천** 霹 벼락 **벽** 靂 벼락 **력**)
'맑은 하늘에 벼락'이라는 뜻으로,
뜻밖에 일어난 큰 사건이나 사고를 일컫는 말이에요.

탁상공론 (卓 높을 **탁** 上 윗 **상** 空 빌 **공** 論 논할 **론**)
'탁상 위에서 나누는 빈 이론'이란 뜻으로,
현실적이지 못한 헛된 이론을 가리키는 말이에요.

토사구팽 (兎 토끼 **토** 死 죽을 **사** 狗 개 **구** 烹 삶을 **팽**)
'토끼를 잡으면 사냥하던 개는 삶아 먹는다.'는 뜻으로,
필요할 때는 쓰고 쓸모가 없어지면 가혹하게 버린다는 말이에요.

파죽지세 (破 깨뜨릴 **파** 竹 대 **죽** 之 갈 **지** 勢 형세 **세**)
'대나무를 깨뜨리는 기세'를 뜻하며,
거침없이 앞으로 나아가는 모양을 말해요.

호가호위 (狐 여우 **호** 假 거짓 **가** 虎 범 **호** 威 위엄 **위**)
'여우가 호랑이의 위세를 빌린다.'는 뜻으로,
다른 사람의 세력을 빌려 위세를 부릴 때 쓰는 말이에요.

호연지기 (浩 넓을 **호** 然 그럴 **연** 之 갈 **지** 氣 기운 **기**)
'온 세상에 가득 찬 넓고 큰 기운'이라는 뜻으로,
세상에 부끄러움이 없는 도덕적 용기를 말해요.

화룡점정 (畵 그림 **화** 龍 용 **룡** 點 점 **점** 睛 눈동자 **정**)
'용의 눈동자를 그린다.'는 뜻으로, 용을 그리고 마지막으로 눈동자를
그리는 것처럼 일의 중요한 부분을 마무리할 때 쓰는 말이에요.

환골탈태 (換 바꿀 **환** 骨 뼈 **골** 奪 빼앗을 **탈** 胎 아이 밸 **태**)
'뼈를 바꾸고 태를 빼앗는다.'는 뜻으로,
외모나 마음가짐이 놀라울 정도로 많이 바뀌었을 때 쓰는 말이에요.

재미있는 고사성어 퀴즈

1 알맞은 고사성어를 보기에서 찾아 빈 칸에 써 보세요.

보기

타산지석 천고마비 초지일관 죽마고우 조삼모사
청출어람 팔방미인 자포자기 적반하장 함흥차사

1) 가을은 □□□□의 계절이라더니 식욕이 왕성해졌어요.

2) 사람들의 언행을 □□□□으로 삼아야 한다.

3) 친구들이 올 때가 지났는데 아직 □□□□이다.

4) 목표를 달성하려면 □□□□ 노력해야 한다.

5) 승규는 내 □□□□인 친구다.

6) 나는 시험에 떨어졌다는 소식을 듣고 □□□□하였다.

7) 제자가 스승보다 실력이 나은 걸 보니 □□□□일세.

8) □□□□처럼 눈앞의 이익에 급급한 사람들이 있다.

9) 요즘 연예인들은 하나만 잘해서는 안 되고
□□□□이어야 한다.

10) □□□□도 유분수지 일본은 독도가 자기들 땅이라고 한다.

2 각각의 뜻에 해당하는 고사성어를 줄로 이어 보세요.

❶	❷	❸
어려운 처지에서도 부지런히 공부한다.	여러 방면에서 뛰어난 사람	어릴 때부터 같이 놀며 자란 친구
형설지공	죽마고우	팔방미인

❹	❺	❻
다른 사람의 말과 행동에서 교훈을 얻는다.	잘못한 사람이 잘못 없는 사람을 나무란다.	처음에 세운 뜻을 끝까지 지켜 나간다.
초지일관	타산지석	적반하장

정답

1. 1) 천고마비 2) 타산지석 3) 함흥차사 4) 초지일관 5) 죽마고우 6) 자포자기 7) 청출어람
8) 조삼모사 9) 팔방미인 10) 적반하장

2. 1) 형설지공 2) 팔방미인 3) 죽마고우 4) 타산지석 5) 적반하장 6) 초지일관

지은이 **키즈키즈 교육연구소**
기획과 편집, 창작 활동을 전문으로 하는 유아동 교육연구소입니다.
어린이들이 건강한 생각을 키우고 올곧은 인성을 세우는 데 도움이 되는
교육 콘텐츠를 개발하고 있습니다. 즐기면서 배울 수 있는 프로그램 개발에도
힘쓰고 있으며, 단행본과 학습지 등 다양한 분야에서 활동하고 있습니다.

하루 10분 고사성어 따라쓰기

중쇄 인쇄 | 2024년 12월 24일
중쇄 발행 | 2024년 12월 30일
지은이 | 키즈키즈 교육연구소
펴낸이 | 박수길
펴낸곳 | (주)도서출판 미래지식
기획 편집 | 이솔 · 김아롬
디자인 | design Ko

주소 | 경기도 고양시 덕양구 통일로 140 삼송테크노밸리 A동 3층 333호
전화 | 02)389-0152
팩스 | 02)389-0156
홈페이지 | www.miraejisig.co.kr
이메일 | miraejisig@naver.com
등록번호 | 제2018-000205호

*값은 표지 뒷면에 표기되어 있습니다.
*잘못된 책은 구입하신 서점에서 바꾸어 드립니다.

ISBN 979-11-90107-67-9 64700
ISBN 978-11-90107-41-9 (세트)

*미래주니어는 미래지식의 어린이책 브랜드입니다.